RECUEIL
DES ÉDITS,
DECLARATIONS,
ARRÊTS, &c.

Année 1755.

A DIJON,

Chez CAUSSE, Imprimeur du Parlement & de l'Intendance, Place Saint Etienne.

TABLE.

FIN.

ARRÊTS
DE LA COUR
DE PARLEMENT.

PORTANS Réglement au ſujet des Cabarets & des déſordres qui ſe commettent à la Campagne, à l'occaſion des Mariages.

EXTRAIT DES RÉGISTRES DE PARLEMENT.

Du 12. Janvier 1718.

LOUIS, PAR LA GRACE DE DIEU, ROI DE FRANCE ET DE NAVARRE : A tous ceux qui ces préſentes Lettres en forme d'Arrêt verront, SALUT : Sçavoir faiſons, que vu par notre Cour de Parlement de Dijon, la Requête de nos amés Charles Magdelenat, Prêtre Curé de Quarré ; Claude Pilain, Prêtre Curé de St. Leger de Foucherette ; Simon Oudin, Prêtre Curé de Cuſſy ; Jacques Foreſtier, Prêtre Curé de Savigny en Terre-Pleine ; Jean Soupoix, Prêtre Curé de Montreal ; François Magdelenat, Prêtre Curé d'Angely ; Thomas Tallimette, Prêtre Curé de Buſſiere ; François Boullenot,

Prêtre Curé de Trevilly, Antoine Raguin, Prêtre Curé de Saint Branché; Edme Joly, Prêtre Curé de Savigny-le-Bois; & Edme Santigny, Prêtre Aumônier à Mareault: A ce qu'attendu qu'au préjudice de leurs ſoins, remontrances & applications continuelles envers leurs Paroiſſiens, pour les obliger de ſe ſoumettre aux Arrêts de notredite Cour, contenant défenſes de fréquenter les Tavernes & Cabarets, iceux continuent d'y aller dans tous les temps, même les jours de Fêtes & Dimanches pendant les Services Divins; en ſorte que ceux deſdits Habitans à qui il reſte quelques ſentimens de Piété & de Religion, en ſont ſcandaliſés; & ayant égard qu'on commet dans des Cabarets, qui ne ſont que pour les Voyageurs, des excès infinis, qu'on s'y plonge dans la débauche, qu'on y tient des diſcours injurieux, accompagnés très-ſouvent de blaſphêmes, juremens du Saint Nom de Dieu: Qu'on y fait des dépenſes capables de ruîner les familles, que les enfans & domeſtiques, à l'exemple de leurs Peres & Maîtres y font des débauches ſurprenantes; que pour y ſubvenir les uns & les autres empruntent & dérobent; qu'on s'y bat & maltraite, & qu'enfin de-là naiſſent une infinité de déſordres & de Procès qui cauſent la ruîne des familles; il plaiſe à notredite Cour par ſa prudence & par ſon autorité arrêter le cours deſdits déſordres, & renouvellant la diſpoſition des Arrêts généraux ſur ce intervenus, notamment de ceux des 22. Mai 1686. 2. Décembre 1699. & 25. Septembre 1717. Concluſions de notre Procureur Général: Et oui le Rapport de notre amé & féal Antoine-Bernard Bouhier de Lantenay, Conſeiller & Commiſſaire cette part.

NOTREDITE COUR a ordonné & ordonne aux Habitans mariés des Paroiſſes ci-deſſus, & de toutes autres de ce Reſſort, enſemble à leurs enfans & Domeſtiques, de ſe conformer auſdits Arrêts: ce faiſant, leur défend expreſſément de fréquenter les Cabarets des Lieux de leurs domiciles, & de ceux qui ſont de diſtance d'une lieuë aux environs, aux Cabaretiers & Taverniers de les y recevoir, & leur donner à boire, manger & jouer dedans ou dehors leurs Cabarets, en quelque temps que ce ſoit, à peine de cinquante livres d'amende contre chacun des

Contrevenans, applicable par moitié aux Seigneurs & aux Fabriques des Eglises Paroissiales desdits Lieux, dont les Peres, Meres, Maîtres, Maîtresses, Tuteurs & Curateurs demeurent responsables pour leurs enfans, domestiques & mineurs : déclare les promesses, obligations & contrats qui seront passés pour dépenses faites dans lesdites Tavernes & Cabarets, nuls & de nul effet : Défend aux Juges d'y avoir égard : Permet néanmoins ausdits Habitans d'envoyer acheter dans lesdites Tavernes & Cabarets, du vin au pot & autres choses nécessaires à leurs subsistances, pour les consumer en leurs maisons : Enjoint aux Officiers Locaux de tenir la main à l'exécution du présent Arrêt, à peine d'en demeurer responsables en leurs propres & privés noms, aux Procureurs d'Offices de faire informer sans connivence ni dissimulation, des contraventions qui y seront faites ; & aux Juges de condamner, même par corps, les Contrevenans au payement de ladite amende, sans pouvoir la remettre, ni modérer, & en outre à plus grande peine en cas de récidive : Et afin que le Service Divin soit célébré avec la décence & dignité convenables, & que lesdits Habitans y assistent aussi assiduement qu'ils le doivent, leur fait défenses de tenir des jeux & danses les Dimanches, Fêtes de Patron & autres établies par l'Evêque Diocèsain, & aux Taverniers & Cabaretiers d'ouvrir leurs Tavernes & Cabarets lesdits jours, sous pareille peine de cinquante livres d'amende contre chacun Contrevenant, applicable comme dessus : Et sera le présent Arrêt lu & publié aux Prônes desdites Eglises Paroissiales, affiché aux portes d'icelles, & enrégistré aux Régistres desdites Justices des Lieux, même lu à chaque tenuë des Jours, à ce qu'aucun n'en prétende cause d'ignorance.

Si mandons au premier notre Huissier ou Sergent requis, faire à la Requête desdits Oudin, Forestier & autres dénommés en l'Arrêt ci-dessus, pour l'exécution d'icelui, tous Exploits nécessaires, & en certifier. Donné en Parlement à Dijon le douziéme jour du mois de Janvier l'an de grace 1718. & de notre Regne le troisiéme. *Signé*, GUYTON.

EXTRAIT DES REGISTRES DE PARLEMENT.

Du 6. Août 1718.

SUR ce qui a été remontré par le Procureur Général du Roi, que depuis quelque temps il s'eſt introduit un abus qui eſt la ſource de pluſieurs déſordres à la Campagne, que les jeunes Gens y exigent des droits de ceux qui ſe marient, principalement lorſqu'ils s'allient à des Femmes étrangeres; que ſi on refuſe de payer ces droits injuſtes, une Troupe armée de bâtons, quelquefois d'épées ou de piſtolets, environne la maiſon des Mariés, enfonce les portes, & pendant la nuit ne ceſſe point de les inſulter, que de-là naiſſent des quérelles qui ne s'appaiſent que par l'effuſion du ſang; & dans quelques Villages, la violence a été ſi grande, que pluſieurs Particuliers y ont reçu des bleſſures mortelles. Qu'il n'y a guéres moins d'inconvénient à prévenir l'impétuoſité des jeunes Villageois par un payement volontaire, parce que l'argent qu'ils ont extorqué, ils le conſument au Cabaret, où ils paſſent des journées & des nuits entieres, en ſorte que la dépenſe excédant preſque toujours le produit de l'exaction, il faut venir à une contribution qui ne ſe régle point ſans des diſputes & des batteries. Que des Curés qui gémiſſent ſur des déſordres ſi conſidérables & ſi fréquens, auſquels ils n'ont pu apporter de reméde par leurs ſages remontrances, ont dépoſé leurs plaintes dans le ſein du Miniſtere public, pour les révéler à la Cour, dont l'autorité ſeule peut arrêter les progrés d'une coutume dangéreuſe, à cauſe des ſuites qu'elle peut avoir, mais encore prohibée par les Ordonnances ou par les Réglemens: Et le Procureur Général du Roi, pour ſeconder le zèle & la vigilance des Paſteurs, a requis: Que défenſes fuſſent faites à tous Villageois de s'attrouper à l'occaſion des mariages qui ſe font dans les Paroiſſes, & d'y paroître armés, ſous quelque prétexte que ce puiſſe être, à peine de cinquante livres d'amende, & de punition corporelle, s'il y échet:

Que pareilles défenses fussent faites sous les mêmes peines, d'exiger aucune chose des jeunes Mariés, quoiqu'ils épousent des filles d'une autre Paroisse, même de recevoir ce qui leur seroit volontairement offert : Que les Particuliers qui contreviendront, puissent être contraints, même par corps, & solidairement au payement des amendes qui seront prononcées, & des dommages-interêts des Parties : Et que les Jugemens fussent exécutés nonobstant opposition ou appellation : Que ceux qui seront rendus au sujet des Cabaretiers & des Villageois fréquentans les Cabarets, contre la disposition de l'Arrêt du 12. Janvier dernier, fussent pareillement exécutés par provision : Qu'il fût enjoint aux Officiers Locaux de tenir la main à l'exécution de l'Arrêt qui interviendroit ; & aux Procureurs d'Offices de faire informer des contraventions, sans connivence ni dissimulation, à peine d'être procédé contre les uns & les autres extraordinairement : Qu'il fût ordonné que ledit Arrêt & celui qui interviendra sur les Requisitions dudit Procureur Général du Roi, seront à sa diligence envoyés à ses Substituts dans tous les Bailliages du Ressort, pour y être lus, publiés, régistrés, & à la diligence desdits Substituts aux Officiers des Justices inférieures, pour y être régistrés & publiés au moins une fois chaque année, aux Prônes des Messes Paroissiales, & à la tenuë des Jours : Vu les Arrêts généraux sur ce intervenus les 12. Mars 1653. 30. Mars 1688. 4. 8. Août 1696. & 24. Septembre 1705. qui ont prohibé sous les peines y contenuës, aux fils de famille & tous autres, de s'assembler ni exiger aucune chose des jeunes Mariés, ensemble ceux qui ont défendu de fréquenter les Cabarets qui ne sont que pour les Voyageurs : Et oui le Rapport de Mre. Jacques-Auguste Espiard de Vernot plus ancien Conseiller.

I. LA COUR a fait & fait itératives inhibitions & défenses à tous Villageois de s'attrouper à l'occasion des Mariages qui se font dans les Paroisses de leurs résidences, & d'y paroître armés, sous quelque prétexte que ce puisse être, à peine d'être sur le champ saisis & conduits sous bonne & sure garde, dans les Prisons plus prochaines, de cinquante livres d'amende contre chacun des Contrevenans, & de punition corporelle.

II. Leur défend de nouveau ſous même peine de puniſion corporelle, & de trois cens livres d'amende, d'exiger aucune choſe des nouveaux Mariés, ſous quelque prétexte que ce ſoit, même de recevoir ce qui leur ſeroit volontairement offert.

III. Ordonne que les Contrevenans ſeront contraints, ſolidairement & par corps, au payement deſdites amendes, qui ne pourront être remiſes ni modérées; & ſeront les Jugemens de condamnations auſdites amendes, exécutés, nonobſtant oppoſitions ou appellations.

IV. Ordonne pareillement que les Jugemens qui ſeront rendus contre les Cabaretiers contrevenans aux Arrêts généraux, & contre ceux qui fréquenteront les Tavernes & Cabarets, ſeront exécutés proviſoirement, nonobſtant oppoſitions & appellations quelconques.

V. Enjoint aux Officiers Locaux de tenir la main à l'exécution du préſent Arrêt, & aux Procureurs d'Offices de faire informer des contraventions, ſi aucunes y ſont commiſes, ſans diſſimulation ni connivence, à peine d'être procédé contre les uns & les autres extraordinairement; comme auſſi de répondre des dommages & interêts des Parties.

VI. Et ſera le préſent Arrêt, enſemble celui du 12. Janvier dernier, envoyés à la diligence du Procureur Général du Roi à ſes Subſtituts, dans tous les Bailliages & Siéges de ce Reſſort, pour y être lus, régiſtrés, publiés, & à la diligence deſdits Subſtituts, aux Officiers deſdites Juſtices inférieures, pour y être régiſtrés, lus, publiés, au moins une fois l'année, aux Prônes des Meſſes Paroiſſiales, & à la tenuë des Jours. FAIT en Parlement à Dijon le 6. Août 1718. *Signé*, GUYTON.

EXTRAIT DES REGISTRES DE PARLEMENT.

Du 4. Janvier 1723.

CE jour le Procureur Général du Roi étant entré, a dit: MESSIEURS,

Les Réglemens de la Cour, pour réprimer la licence

des Cabarets, & prévenir les suites fâcheuses qu'elle a coutume d'avoir, ont perdu presque toute leur autorité dans quelques Villages où les Fermiers tiennent eux-mêmes le Cabaret, & les font tenir par un Villageois qu'ils préposent pour débiter leur vin ; alors on ne craint plus la peine pécuniaire qui doit appartenir aux Fermiers ; celle qui est adjugée à la Fabrique n'est pas exactement poursuivie, par des égards particuliers, & on a déjà fait l'épreuve, en plusieurs endroits, qu'où la crainte cesse, la licence augmente & redouble : Pour forcer la contravention dans ce dernier retranchement.

Je requiers, que l'amende de cinquante livres soit entiérement adjugée à la Fabrique, dans les cas où les contraventions seront commises par le Fermier tenant Cabaret, ou par d'autres Villageois qui vendront le vin du Fermier.

Qu'il soit ordonné aux Fabriciens des Paroisses, de poursuivre, deux mois après les Jugemens ou Sentences, le payement de ladite amende en entier, ou portion d'icelle, dans les autres cas, à peine d'en répondre en leurs propres & privés noms ; qu'à cet effet, il soit enjoint aux Greffiers des Justices de remettre, dans huitaine, aux premiers Fabriciens, un extrait desdites Sentences.

Que l'Arrêt qui interviendra, & qui, à ma diligence, sera envoyé à mes Substituts dans tous les Bailliages du Ressort, soit par eux envoyé aux Procureurs d'Offices des Justices Seigneuriales, ausquels il sera enjoint de le faire publier à l'issuë de la Messe Paroissiale ; ensemble les précédens Arrêts des douze Janvier & 6. Août 1718. au moins de six mois en six mois, & une fois tous les ans, à la tenuë des Jours, & de m'informer chaque année desdites publications, dans le mois de Janvier, pour en rendre compte à la Cour.

Ledit Procureur Général du Roi retiré, & vu ses Requisitions par écrit laissées sur le Bureau.

LA COUR a ordonné & ordonne que les Arrêts généraux contenans défenses aux Habitans de la Campagne de fréquenter les Tavernes & Cabarets de leurs résidences, seront exécutés selon leur forme & teneur ; qu'en conséquence, l'amende de cinquante livres prononcée par lesdits Arrêts, contre les Contrevenans, ſera entiérement adjugée à la Fabrique, dans les cas auſquels la contravention ſera commiſe par le Fermier tenant Cabaret, ou par d'autres Villageois qui vendront le vin dudit Fermier : Enjoint aux Fabriciens des Paroiſſes de pourſuivre, tout au plus tard dans le mois après les Jugemens ou Sentences de condamnations, le payement deſdites amendes en entier, ou portion d'icelles, dans les autres cas, à peine d'en répondre en leurs propres & privés noms, auquel effet les Greffiers des Juſtices Seigneuriales ſeront tenus de remettre, dans huitaine, auſdits Fabriciens, Extraits deſdits Jugemens ou Sentences : Ordonne qu'à la diligence du Procureur Général du Roi, le préſent Arrêt ſera envoyé à ſes Subſtituts, dans les Bailliages & Siéges de ce Reſſort, pour par eux l'envoyer aux Procureurs d'Offices deſdites Juſtices Seigneuriales, leſquels le feront publier au-devant de l'Egliſe, & à l'iſſuë de la Meſſe Paroiſſiale ; de même que les précédens Arrêts des douze Janvier & 6. Août 1718. au moins de ſix mois en ſix mois, & une fois tous les ans à la tenuë des Jours, & leur ordonne d'informer chaque année, dans le mois de Janvier, ledit Procureur Général du Roi deſdites publications, pour par lui en rendre compte à la Cour. FAIT en Parlement à Dijon le quatre Janvier 1723. *Signé*, GUYTON.

EXTRAIT DES RÉGISTRES DE PARLEMENT.

Du 8. Février 1755.

VU le Requiſitoire du Procureur Général du Roi, contenant que l'yvrognerie & la contravention aux Réglemens de Police qui ont été faits par la Cour pour en prévenir le ſcandale & les ſuites, étoit un mal preſque général dans toute l'étenduë de ſon Reſſort, & particuliérement dans la Province de Breſſe : Qu'un grand nombre de Curés de cette Province en ayant porté des plaintes en 1729. à M. le Cardinal de Fleury, elles furent renvoyées par M. le Chancelier au Procureur Général du Roi, qui fit passer alors ces Réglemens sous les yeux du Chef de la Justice qui les approuva, en inspirant une nouvelle ardeur au Ministere public pour en assurer l'exécution, sur laquelle il n'avoit pas cessé de veiller avec autant de zèle que d'exactitude; cependant plusieurs Cabaretiers ont continué & continuent encore de donner à boire & à manger aux Gens du Lieu, fondés sur un Arrêt du Conseil du 4. Janvier 1724. que la plupart des Officiers Locaux font prévaloir à des Réglemens aussi sages que nécessaires pour réprimer la licence des Cabarets, malgré l'obligation qui leur est imposée de tenir la main à leur exécution qui est totalement négligée par ces Officiers, dont quelques-uns autorisent même par leur exemple, la désobéissance des Cabaretiers aux ordres de la Cour; ce qui obligeoit le Procureur Général du Roi à requerir qu'il fût ordonné, que les Arrêts Généraux qui défendent aux Villageois de fréquenter les Cabarets du Lieu de leur résidence, seront exécutés selon leur forme & teneur : Que les Cabaretiers demeureront civilement responsables des amendes ausquelles seront condamnés ceux qui boiront chez eux, outre & par-dessus l'amende à laquelle lesdits Cabaretiers seront condamnés personnellement, & que leurs Cabarets seront fermés pendant six mois, ou même pour un plus long-temps en cas de récidive: Que défenses soient faites aux Officiers des Justices Seigneuriales, de boire & manger dans les Cabarets du Lieu de leur résidence, sous les peines portées par lesdits Arrêts, & d'interdiction pendant six mois en cas de récidive, même de plus grande peine s'il y échet : Que l'Arrêt qui interviendroit, & qui à la diligence du Procureur Général du Roi, seroit envoyé à ses Substituts, dans tous les Bailliages du Ressort, soit par eux envoyé aux Procureurs d'Office des Justices Seigneuriales, ausquels il seroit enjoint de le faire publier à l'issuë de la Messe Paroissiale, ensemble les précédens Arrêts des 12. Janvier, 6. Août 1718. & 4. Janvier 1723. au moins de six en six mois, & une fois tous les ans à la tenuë des Jours, & d'informer chaque année le Procureur Général du Roi desdites publications, pour en rendre compte à la Cour : Les piéces jointes audit Requisitoire & oui le Rapport de M^re^. Jacques Vitte plus ancien Conseiller, Commissaire cette part.

LA COUR a ordonné & ordonne que les Arrêts Généraux qui défendent aux Villageois de fréquenter les Cabarets du Lieu de leur résidence, seront exécutés selon leur forme & teneur.

I. Ordonne en outre que les Cabaretiers demeureront civilement responsables des amendes ausquelles seront condamnés ceux qui boiront chez eux, outre & par-dessus l'amende à laquelle lesdits Cabaretiers seront condamnés personnellement, & que leur Cabaret sera fermé pendant six mois ; même pour un plus long-temps en cas de récidive.

II. Fait défenses aux Officiers des Justices Seigneuriales de boire & manger dans les Cabarets du Lieu de leur résidence, sous les peines portées par lesdits Arrêts, & d'interdiction pendant six mois en cas de récidive, même de plus grande peine s'il y échet.

III. Ordonne que le présent Arrêt sera envoyé à la diligence du Procureur Général du Roi, à ses Substituts dans tous les Bailliages du Ressort, pour être par eux envoyé aux Procureurs d'Office des Justices Seigneuriales, ausquels ladite Cour enjoint de le faire publier à l'issuë de la Messe Paroissiale, ensemble les précédens Arrêts des 12. Janvier, 6. Août 1718. & 4. Janvier 1723. au moins de six mois en six mois, & une fois tous les ans à la tenuë des Jours, & d'informer chaque année le Procureur Général du Roi desdites publications, pour en rendre compte à la Cour. Fait en Parlement à Dijon le 8. Février 1755. *Signé*, FROCHOT. *Collationné*.

PAGOT.

ARRÊTS DE LA COUR DE PARLEMENT.

PORTANS augmentation des Salaires attribués aux Huissiers & Sergens Royaux par les articles 25. 26. 27. & 29. du Réglement de la Cour du 19. Juillet 1679.

EXTRAIT DES RÉGISTRES DE PARLEMENT.

Du 16. Décembre 1748.

VU la Requête des Huissiers-Audienciers aux Bailliage, Chancellerie & Siége Présidial de Dijon, à ce qu'il plût à la Cour, eu égard aux moyens & raisons par eux employés dans ladite Requête, leur accorder une augmentation de leurs salaires telle qu'il lui plairoit de la régler; & les faire jouir des doubles droits de signification de Procureur à Procureur dont ils sont frustrés, ainsi qu'en jouissent les Huissiers de la Cour, des Requêtes du Palais & autres : Vu aussi les piéces & mémoires joints à ladite Requête, les observations sur ce faites par Commissaires de la Cour, enſemble les Concluſions du Procureur Général du Roi.

LA COUR, LES CHAMBRES ASSEMBLÉES, a ordonné & ordonne que les Huiſſiers du Bailliage, Chancellerie & Siége Préſidial de Dijon, auront les deux tiers des droits attribués aux Huiſſiers de la Cour par l'Arrêt de Réglement du 20. Février 1747. & ce pour les Exploits qu'ils feront dans le Lieu de leur réſidence.

En ajoutant aux articles 26. 27. & 29. du Réglement du 19. Juillet 1679. leſdits Huiſſiers auront à la Campagne 3. liv. 10. ſols pour journée entiere à pied, 35. ſols pour demi-journée, & à cheval 6. liv. par jour en ſe défrayant.

Ils auront auſſi (étant à la ſuite de Juges Royaux à la Campagne) 6. liv. par jour en ſe défrayant.

Ils auront pour chacune journée effectivement employée à la garde des maiſons des Perſonnes décédées, 35. ſols, ſans pouvoir ſe faire défrayer ſur les biens de l'hoirie.

Ordonne que le ſurplus dudit Réglement de 1679. pour ce qui les concerne, tiendra & ſera exécuté ſuivant ſa forme & teneur; & les a deboutés de la demande par eux formée en doubles droits de ſignification de Procureur à Procureur des Sommations contenant offres de piéces.

Et ſera le préſent Arrêt de Réglement lu, publié à l'Audience de ladite Cour, & enrégiſtré, tant au Régiſtre du Greffe d'icelle, qu'en celui de la Communauté deſdits Huiſſiers du Bailliage, Chancellerie & Siége Préſidial de cette Ville, à ce qu'il n'en ſoit prétendu cauſe d'ignorance. Fait en Parlement à Dijon, les Chambres aſſemblées, le 16. Décembre 1748. & publié à l'Audience du 30. dudit mois. *Signé*, PETIT. *Collationné*, BAUDOT.

EXTRAIT DES RÉGISTRES DE PARLEMENT.

Du 20. Février 1755.

VU la Requête des Huiſſiers & Sergens Royaux du Bailliage d'Auxonne & de ceux qui y ſont immatriculés, à ce qu'il plût à la Cour (eu égard aux moyens

& raiſons par eux employés dans ladite Requête) déclarer l'Arrêt de Réglement du 16. Décembre 1748. contenant les droits des Huiſſiers-Audienciers aux Bailliage, Chancellerie & Siége Préſidial de Dijon, commun avec les Supplians; en conſéquence ordonner qu'il ſera exécuté ſuivant ſa forme & teneur riere ledit Bailliage d'Auxonne; ce faiſant, que les Supplians jouiront du fruit & effet d'icelui, à cet effet qu'il ſeroit lu, publié à l'Audience dudit Bailliage d'Auxonne, & régiſtré au Greffe dudit Bailliage : Vu auſſi le dénombrement dudit Bailliage & ledit Arrêt de Réglement, Concluſions du Procureur Général du Roi & oui le Rapport de M[re]. Jacques Vitte, plus ancien Conſeiller, Commiſſaire cettepart.

LA COUR, LES CHAMBRES ASSEMBLÉES, a ordonné & ordonne que l'Arrêt de Réglement du 16. Décembre 1748. rendu en faveur des Huiſſiers-Audienciers aux Bailliage, Chancellerie & Siége Préſidial de Dijon, demeure déclaré commun pour les Huiſſiers des mêmes Juriſdictions & Sergens Généraux dans tout le Reſſort de la Cour; ordonne en outre que le préſent Arrêt ſera lu, publié à l'Audience de la Cour & régiſtré au Régiſtre du Greffe d'icelle; ordonne pareillement que ledit Arrêt de Réglement du 16. Décembre 1748. & le préſent Arrêt, ſeront envoyés à la diligence du Procureur Général du Roi dans tous les Bailliages & Siéges de ce Reſſort, pour y être pareillement lus, publiés & régiſtrés pour être exécutés ſelon leur forme & teneur. Fait en Parlement à Dijon, les Chambres aſſemblées, le 20. Février 1755. & a été le préſent Arrêt lu & publié à l'Audience publique de ladite Cour le 25. Février 1755. *Signé*, PETIT. *Collationné*, BAUDOT.

ARRÊT DU CONSEIL D'ETAT,

Qui autorise les Employés des Fermes de Lorraine & Barrois, à exercer leurs fonctions sur les Terres de France.

EXTRAIT DES RÉGISTRES DU CONSEIL D'ÉTAT

Du 9. Avril 1754.

SUR la Requête présentée au Roi en son Conseil, par Jean-Baptiste Bocquillon, Adjudicataire des Fermes Générales unies, contenant que les Etats de Lorraine & Barrois ayant été réunis à la Couronne par la prise de possession éventuelle qui en fut faite au nom du Roi en 1737. Sa Majesté jugea à propos dès la même année de charger les Fermiers Généraux de l'exploitation des Fermes de ces Provinces, dont il leur fut fait un bail particulier qui commença au premier Octobre 1737. & qui depuis a été renouvellé en même temps que celui des Fermes de France & pour pareil nombre d'années : que le motif de la réunion des Fermes de Lorraine avec celles de France, a été de prévenir les versemens de la

Contrebande dans l'un & dans l'autre Pays, & de s'oppoſer au progrès d'un Commerce frauduleux fait par les Etrangers au grand préjudice des Fermes; que pour empêcher cette Contrebande les précédens Fermiers Généraux établirent à grands frais dans les Directions de Lorraine & de Metz & dans les Provinces voiſines, des Brigades, qui par le mêlange continuel des deux Souverainetés paſſent tantôt par des Villages de Lorraine, tantôt par des Villages de France; que ces établiſſemens ayant été trouvés convenables, il fut rendu les 22. Novembre 1737. & 4. Février 1738. au Conſeil de Lorraine & à celui de France, deux Arrêts, par leſquels il a été permis aux Employés des Fermes des deux Etats, de pourſuivre, attaquer & arrêter ſur l'un & ſur l'autre Pays les Contrebandiers & Fauxſauniers & autres Fraudeurs lorſqu'ils s'y réfugieront, & en cas d'avis y faire toutes recherches & perquiſitions, attaquer, pourſuivre & arrêter leſdits Contrebandiers, Fauxſauniers & Fraudeurs par-tout où ils les trouveront & en quelqu'endroit où ils ſe retirent, ſaiſir leurs effets & marchandiſes, chevaux, harnois & équipages, & toutes autres choſes à eux appartenantes, comme auſſi pourſuivre les condamnations & confiſcations, ſoit devant les Juges de France, ſoit devant ceux de Lorraine & Barrois; que cependant ſous prétexte que ces Arrêts ne s'expliquent pas en termes aſſez clairs, quelques Juges veulent reſtreindre la faculté qu'ils accordent à la ſeule liberté de pourſuivre & arrêter ſur les Terres de leurs Juriſdictions les Contrebandiers qui y parviendroient dans leur fuite après avoir été attaqués ſur les autres Terres & non autrement; en ſorte que ſi cette Juriſprudence avoit lieu, il s'enſuivroit que les Contrebandiers auroient la liberté de pénétrer impunément dans le Royaume par les routes & paſſages de France à l'aſpect des Brigades des Fermes, ſans qu'elles oſaſſent s'y oppoſer, parce que les lieux de leur réſidence ſeroient de Lorraine & non de France, ce qui rendroit inutiles les précautions priſes par leſdits Arrêts & l'établiſſement des lignes de Brigades qui traverſent la France & la Lorraine &

dont la dépenſe deviendroit en pure perte, puiſque le ſervice de ces Brigades qui conſiſte principalement en rebats, patrouilles & embuſcades d'un poſte à l'autre, ne peut ſe faire ſans paſſer & repaſſer continuellement ſur les Provinces de France qui environnent la Lorraine, & de la Lorraine ſur ces Provinces; dans ces circonſtances, ledit Bocquillon ſe croit obligé de ſupplier très-humblement Sa Majeſté de vouloir bien ſur ce lui faire connoître ſes intentions : vu ladite Requête, enſemble leſdits Arrêts des Conſeils de Lorraine & de France des 22. Novembre 1737. & 4. Février 1738. Oui le Rapport.

LE ROI EN SON CONSEIL a permis & permet aux Commis, Gardes & autres Employés des Fermes de Lorraine & Barrois, de s'embuſquer, reprendre, faire recherches, ſaiſir & arrêter ſur le Territoire de France tous Contrebandiers, Fauxſauniers & Fraudeurs de quelque condition & Nation qu'ils ſoient, ſans qu'il ſoit beſoin que leſdits Commis, Gardes & Employés ayent commiſſions particulieres de l'Adjudicataire des Fermes de France ou de ſes Prépoſés, ni qu'ils ayent prêté ſerment pardevant les Juges de France, pourvû qu'ils l'ayent prêté pardevant les Juges de Lorraine & Barrois, & qu'ils ayent commiſſions de l'Adjudicataire des Fermes deſdites Provinces ou de ſes Prépoſés : Permet Sa Majeſté aux Capitaines Généraux prépoſés à la régie deſdites Fermes de Lorraine & Barrois, de ſe préſenter quand bon leur ſemblera dans les maiſons des Eccléſiaſtiques, Nobles, Bourgeois & autres domiciliés en France, pour y faire les recherches & viſites de faux tabacs, en ſe faiſant accompagner d'un Garde deſdites Fermes, ou de deux témoins qui ſeront tenus de ſigner les Procès-verbaux avec les Capitaines Généraux, à peine de nullité, le tout conformément aux Arrêts du Conſeil d'Etat du Roi des 13. Octobre 1722. 25. Janvier 1724. & Lettres-Patentes ſur iceux duëment enrégiſtrées : Seront tenus leſdits Capitaines Généraux, Brigadiers, ſous-Brigadiers & Gardes deſdites Fermes de Lorraine & Barrois, d'affirmer les

Procès-verbaux qu'ils feront sur le Territoire de France pardevant les Juges de France dans les termes prescrits par les Ordonnances & Réglemens, à peine de nullité d'iceux, & ce néanmoins sans aucune attribution de Jurisdiction : Ordonne en conséquence à tous Geoliers & Concierges des Prisons de recevoir les Prisonniers que lesdits Employés y constitueront, desquels Prisonniers lesdits Geoliers & Concierges demeureront chargés & responsables : Enjoint pareillement Sa Majesté à tous Juges à qui la connoissance des droits de ses Fermes appartient, soit en premiere Instance, soit par appel, d'admettre, reconnoître, procéder & juger sur les Procès-verbaux faits & dressés en toutes sortes de cas par lesdits Commis, Gardes & Employés des Fermes de Lorraine & Barrois pour raison de contrebande, fauxsaunage, fraude & autres contraventions aux Ordonnances, Arrêts & Réglemens concernant les Fermes, ainsi & de même que sur ceux faits par les Commis, Gardes & Employés des Fermes de France ; & seront sur le présent Arrêt toutes Lettres nécessaires expédiées. Fait au Conseil d'Etat du Roi tenu pour les Finances, à Versailles le neuviéme jour du mois d'Avril 1754. *Collationné.* Signé, DEVOUGNY.

LETTRES-PATENTES.

Du 9. Avril 1754.

LOUIS, PAR LA GRACE DE DIEU, ROI DE FRANCE ET DE NAVARRE, à nos amés & féaux les Gens tenans notre Cour de Parlement & Cour des Aydes à Dijon : SALUT. Les Etats de Lorraine & Barrois ayant été réunis à notre Couronne par la prise de possession éventuelle qui en fut faite en notre Nom en 1737. Nous jugeames à propos dès la même année de charger les Fermiers Généraux de nos Fermes de l'exploitation de celles de ces Provinces, dont il leur fut fait un bail particulier qui commença au premier Octobre 1737. & qui depuis a été renouvellé en même temps que celui de nos Fermes de France, & pour pareil nombre d'années; que le motif de la réunion des Fermes de Lorraine avec celles de France, a été de prévenir les versemens de la Contrebande dans l'un & dans l'autre Pays, & de s'opposer au progrès d'un commerce frauduleux fait par les Etrangers au grand préjudice de nos Fermes; que pour empêcher cette Contrebande, les précédens Adjudicataires de nos Fermes générales établirent à grands frais dans les Directions de Lorraine & de Metz & dans les Provinces voisines, des Brigades, qui par le mêlange continuel des deux Souverainetés passent tantôt par des Villages de Lorraine, tantôt par des Villages de France; que ces établissemens ayant été trouvés convenables, le Roi de Pologne, Duc de Lorraine & de Bar, fit rendre un Arrêt en son Conseil Royal des Finances le 22. Novembre 1737. par lequel il permit aux Commis, Gardes & autres Employés de nos Fermes, de poursuivre dans ses Etats les Fauxsauniers, Contrebandiers & autres Fraudeurs lorsqu'ils s'y réfugieroient; & Nous accordames la même réciprocité aux Employés des Fermes de Lorraine, par celui que Nous fimes rendre en notre Conseil le 4. Février suivant; que cependant sous prétexte que ces Arrêts ne s'expliquent pas en termes assez clairs, quelques Juges veulent restreindre la faculté qu'ils accordent à la seule liberté de poursuivre & arrêter sur les Terres de leurs Jurisdictions les Contrebandiers qui y parviendroient dans leur fuite, après avoir été attaqués sur les autres Terres & non autrement; en sorte que si cette Jurisprudence avoit lieu, il s'ensuivroit que les Contrebandiers auroient la liberté de pénétrer impunément dans notre Royaume par les routes & passages de France à l'aspect des Brigades de nos Fermes, sans qu'elles osassent s'y opposer, parce que les Lieux de leur résidence seroient de Lorraine & non de France, ce qui rendroit inutiles les précautions prises par lesdits Arrêts & l'établiſſement des lignes de Brigades qui traverſent la France & la Lorraine, & dont la dépenſe deviendroit en pure perte, puiſque le ſervice de ces Brigades qui conſiſte principalement en rebats, patrouilles & embuſcades d'un poſte à l'autre, ne peut ſe faire ſans paſſer & repaſſer continuellement ſur les Provinces de France qui environnent la Lorraine, & de la Lorraine ſur ces Provinces. Et voulant vous faire connoître nos intentions à ce ſujet, Nous les avons expliquées par l'Arrêt que Nous avons fait rendre cejourd'hui en notre Conſeil, pour l'exécution duquel Nous avons ordonné que toutes Lettres néceſſaires ſeront expédiées. A CES CAUSES, de l'avis de notre Conſeil, qui a vu ledit Arrêt ci-attaché ſous le Contreſcel de notre Chancellerie, Nous avons permis, & par ces Préſentes ſignées de notre main, permettons aux Commis, Gardes & autres Employés des Fermes de Lorraine & Barrois, de s'embuſquer, reprendre & faire recherches, ſaiſir & arrêter ſur le Territoire de France tous Contrebandiers, Fauxſauniers & Fraudeurs de quelque condition & Nation qu'ils ſoient, ſans qu'il ſoit beſoin que leſdits Commis, Gardes & Employés ayent commiſſions particulieres de l'Adjudicataire de nos Fermes de France ou de ſes Prépoſés, ni qu'ils ayent prêté ſerment pardevant les Juges de France, pourvû qu'ils l'ayent prêté pardevant les Juges de Lorraine & Barrois & qu'ils ayent commiſſions de l'Adjudicataire des Fermes deſdites Provinces ou de ſes Prépoſés : Permettons aux Capitaines Généraux prépoſés à la régie deſdites Fermes de Lorraine & Barrois, de ſe préſenter quand bon leur ſemblera dans les maiſons des Eccléſiaſtiques, Nobles, Bourgeois & autres domiciliés en France, pour y faire les recherches & viſites de faux tabacs, en ſe faiſant accompagner d'un Garde deſdites Fermes ou de deux témoins qui ſeront tenus de ſigner les Procès-verbaux avec les Capitaines Généraux, à peine de nullité ; le tout conformément aux Arrêts de notre Confel des 13. Octobre 1722. 25. Janvier 1724. & Lettres-Patentes expédiées ſur iceux duëment enrégiſtrées : Seront tenus leſdits Capitaines Généraux, Brigadiers, ſous-Brigadiers & Gardes deſdites Fermes de Lorraine & Barrois, d'affirmer les Procès-verbaux qu'ils feront ſur le Territoire de France pardevant les Juges de France dans les termes preſcrits par les Ordonnances & Réglemens, à peine de nullité d'iceux, & ce néanmoins ſans aucune attribution de Juriſdiction : Ordonnons en conſéquence à tous Geoliers & Concierges des Priſons de recevoir les Priſonniers que leſdits Employés y conſtitueront, deſquels Priſonniers leſdits Geoliers & Concierges demeureront chargés & reſponſables : Enjoignons pareillement à tous Juges à qui la connoiſſance des droits de nos Fermes appartient, ſoit en premiere Inſtance, ſoit par appel, d'admettre, reconnoître, procéder & juger ſur les Procès-verbaux faits & dreſſés en toutes ſortes de cas par leſdits Commis, Gardes & Employés des Fermes de Lorraine & Barrois pour raiſon de contrebande, fauxſaunage, fraude & autres contraventions aux Ordonnances, Arrêts & Réglemens concernant nos Fermes, ainſi & de même que ſur ceux faits par les Commis, Gardes & Employés des Fermes de France. SI VOUS MANDONS, que ces Préſentes Vous ayez à faire lire, publier & enrégiſtrer, & le contenu en icelles garder, obſerver & exécuter ſelon leur forme & teneur, nonobſtant tous Edits, Déclarations, Arrêts, Réglemens & autres Lettres à ce contraires, auſquels Nous avons dérogé & dérogeons par ces Préſentes, aux copies deſquelles collationnées par l'un de nos amés & féaux Conſeillers-Secretaires, voulons que foi ſoit ajoutée comme aux originaux : CAR TEL EST NOTRE PLAISIR. DONNÉ à Verſailles le neuviéme jour d'Avril l'an de Grace 1754. & de notre Regne le trente-neuviéme. *Signé*, LOUIS. *Et plus bas par le Roi*, PHELYPEAUX.

Régiſtrées, oui & ce requérant le Procureur Général du Roi, à la diligence duquel copies deſdits Arrêt du Conſeil d'Etat & Lettres-Patentes, & du préſent Arrêt, ſeront envoyées dans tous les Bailliages & Siéges de ce Reſſort, pour y être luës, publiées, régiſtrées, & leſdits Arrêt du Conſeil & Lettres-Patentes exécutées ſelon leur forme teneur, ſans néanmoins que les Capitaines Généraux des Employés des Fermes puiſſent entrer dans les maiſons des Privilégiés en l'abſence deſdits Privilégiés. Fait en Parlement, les Chambres aſſemblées, à Dijon le 20. Février 1755. & ont été leſdits Arrêt & Lettres-Patentes luës & publiées à l'Audience publique de ladite Cour le 25. du même mois. Signé, *FROCHOT.*

A DIJON, chez J. CAUSSE, Imprimeur du Parlement, Place Saint Etienne. 1755.

DECLARATION
DU ROI,

POUR la continuation de quatre Cruës ſur le Sel en Bourgogne, montant à neuf livres par minot, pendant trois années, qui commenceront au premier Janvier 1774. & finiront le dernier Décembre 1776.

Du 20. Août 1754.

LOUIS PAR LA GRACE DE DIEU, ROI DE FRANCE ET DE NAVARRE; à tous ceux qui ces préſentes Lettres verront: SALUT. Nos chers & bien amés les Gens des trois Etats de notre Duché de Bourgogne, Nous ayant remontré qu'il leur ſeroit impoſſible de payer les ſommes qu'ils Nous ont accordées en don gratuit extraordinaire, par la ſeule voie de l'impoſition, non plus que les Etapes, & autres fonds dont ils ſe trouvent chargés, Nous avons reçu favorablement la très-humble ſupplication qu'ils Nous ont faite de leur accorder la continuation des quatre Cruës de quarante & cinquante ſols par minot de Sel dont jouit la Province, faiſant en tout neuf livres par minot de Sel, & ce pour trois années, à commencer au premier Janvier 1774. & qui finiront au dernier Décembre 1776. afin de pouvoir emprunter ſur l'affectation du produit deſdites Cruës, les sommes nécessaires pour suppléer au payement dudit don gratuit & autres dépenses : A CES CAUSES, & autres à ce Nous mouvans de l'avis de Notre Conseil, & de Notre certaine science, pleine puissance & autorité Royale; Nous avons par ces présentes signées de notre main; permis & permettons ausdits Etats la levée desdites quatre Cruës de quarante & cinquante sols, faisant neuf livres par minot de Sel qui se débitera dans tous les Greniers & Chambres à Sel, tant du Duché de Bourgogne que des Comtés de Charollois, Auxerrois & Bar-sur-Seine, & Pays en dépendans, pendant trois années, qui commenceront au premier Janvier 1774. & finiront au dernier Décembre 1776. comme ils ont fait par le passé. Voulons que les deniers en provenans soient payés à la Recette générale des Etats, sans que pour raison de ce lesdits Etats soient tenus à aucun dédommagement envers l'Adjudicataire de nos Gabelles, ni autres pour ce regard; après lesquelles trois années expirées, lesdites Cruës demeureront révoquées, comme dès à présent Nous les révoquons, sans qu'il soit besoin d'autres Lettres que cesdites présentes. Ordonnons que les deniers du produit desdites quatre Cruës demeureront spécialement affectés sans aucun divertissement, au payement du don gratuit des Etapes & autres charges de ladite Province; permettons, en cas de besoin, aux Elûs Généraux desdits Pays d'engager le tout ou partie du produit desdites Cruës, à telles personnes qu'ils jugeront à propos pour lesdits payemens; en sorte que ladite Province ou ceux à qui lesdites Cruës auront été affectées en puissent jouir pleinement & paisiblement; & à l'égard des Etats du Mâconnois, Nous leur laissons la liberté de se servir desdites quatre Cruës ou de l'une d'icelles, leur permettons de lever dans les Greniers dépendans desdits Etats particuliers, les quatre Cruës pour le même temps de trois années, & aux mêmes conditions que dessus : Voulons & ordonnons que toutes personnes de quelque qualité & condition qu'elles soient, privilégiées ou non privilégiées, Ecclésiastiques, Gentilhommes, & autres qui ont leurs droits de Franc-salé ou de gratification à prendre sur le Sel, soient tenus au payement desdites quatre Cruës de quarante & cinquante sols par minot de Sel, à l'exception seulement de nos amés & féaux les Présidens, Conseillers, Avocats & Procureur Généraux, Greffier en Chef, Secretaires & Substituts de notre Cour de Parlement de Dijon, Présidens, Maîtres Correcteurs, Auditeurs, Nos Avocats & Procureur Généraux, Greffier en Chef, Secretaires, Substituts, Garde des Livres de Notre Chambre des Comptes, les Présidens, Trésoriers Généraux de France, les Avocats & Procureurs pour Nous & le Greffier au Bureau des Finances, Garde des Sceaux, Audienciers, Secretaires, Controlleurs en la Chancellerie près le Parlement de Dijon, & autres nos Conseillers, Secretaires résidens audit Pays & Comtés dépendans desdits Etats qui en seront & demeureront exempts, comme aussi les Religieuses du Puits d'Orbe près Chatillon-sur-Seine, les Religieuses de Notre-Dame du Refuge, les Religieuses de Sainte Ursule, les Religieuses Jacobines, les Carmelites, les Jacobins, les Jésuites de notre Ville de Dijon, les Religieuses de la Visitation de la Ville de Chalon, l'Hôpital Général, & autres Hôpitaux publics de ladite Province, & pour cette fois seulement, s'il n'est autrement par Nous ordonné. SI DONNONS EN MANDEMENT à nos amés & féaux les Gens tenans notre Cour de Parlement à Dijon, que ces présentes ils ayent à faire lire, publier & enrégistrer (même en temps de vaccation) purement & simplement sans frais, & du contenu en icelles jouir & user lesdits Etats ou ceux qui auront droit d'eux, cessant & faisant cesser tous troubles & empêchemens contraires : CAR TEL EST NOTRE PLAISIR, en témoin de quoi Nous avons fait mettre notre Scel à cesdites présentes. DONNÉ à Versailles le vingtiéme jour d'Août l'an de grace mil sept cent cinquante-quatre, & de notre Regne le trente-neuviéme. *Signé*, LOUIS. *Et plus bas par le Roi*, PHELYPEAUX. *Vu au Conseil*, MOREAU DE SECHELLES. *Et scellé du grand Sceau de cire jaune.*

Régistrée, oui & ce requérant le Procureur Général du Roi, à la diligence duquel copies d'icelle, & du présent

Arrêt, seront envoyées dans tous les Bailliages & Siéges de ce Ressort, Greniers & Chambres à Sel, tant du Duché de Bourgogne, que des Comtés de Charollois, Auxerrois & Bar-sur-Seine & Pays en dépendans, pour y être luës, publiées régistrées, & ladite Déclaration exécutée selon sa forme & teneur, enjoint aux Substituts dudit Procureur Général du Roi ausdits Bailliages & autres Siéges d'y tenir la main & d'en certifier la Cour dans quinze jours prochains. Fait en Parlement à Dijon, les Chambres assemblées le treize Juin 1755. & a été ladite Déclaration luë & publiée à l'Audience publique de ladite Cour le seize dudit mois. Signé, *CHANCELIER.*

A DIJON, chez J. CAUSSE, Imprimeur du Parlement, Place Saint Etienne. 1755.

DECLARATION DU ROI,

CONCERNANT LES DROITS SUR LES CUIRS.

Du 28. Octobre 1754.

LOUIS PAR LA GRACE DE DIEU, ROI DE FRANCE ET DE NAVARRE, à tous ceux qui ces présentes Lettres verront : SALUT. Par l'art. IX. de notre Déclaration du 6. Février 1706. contenant le Réglement des Droits attribués aux Offices de Contrôleurs, Prudhommes & Vendeurs de Cuirs, par les Edits de création desdits Offices, parisis, sol & six deniers pour livre & quart en sus desdits Droits aussi attribués par les Déclations des 29. Novembre 1689. & 15. Décembre 1703. Nous avons ordonné que les Cuirs de quelqu'espèce qu'ils soient achetés par des Marchands trafiquans & autres dont la Profession n'est pas de les employer, soient sujets aux Droits attribués ausdits Vendeurs, lorsqu'ils seront payés autant de fois que lesdits Cuirs seront revendus, encore qu'ils ayent été payés lors de la premiere vente. Par le Xe. Nous avons voulu que les Cordonniers, Carossiers, Selliers, Boureliers & autres employans Cuirs qui iront en acheter pour l'usage de leur Profession hors des Villes & Lieux de leur résidence, payeront à leur retour lesdits Droits de Vendeurs dans le Lieu de leur demeure si lesdits Officiers y sont établis, encore qu'ils ayent été payés dans le Lieu de l'achat; & afin que les Redevables desdits Droits ne puissent les ignorer, & qu'il n'en puisse être exigé d'autres : Nous avons dit par l'article XI. qu'ils seroient payés dans le Ressort de nos Cours des Aydes de Paris, Dijon & Clermont-Ferrand, non compris les Villes de Paris, Lyon & autres où il y a des Réglemens & conventions particulieres ausquelles nous n'entendions rien innover, de la maniere que nous l'avons ensuite établi : mais les doutes que l'on s'est efforcé de répandre sur ces dernieres dispositions, & les Réglemens ou conventions contraires qu'on a voulu faire valoir ou combattre ont donné lieu à une infinité de contestations qui ont été portées, soit en notre Conseil, soit en nos Cours des Aydes, où elles n'ont pas toujours eu une décision uniforme; & d'ailleurs, convenant au bien de nos Sujets de favoriser les Artisans qui employent les Cuirs, Nous avons résolu de nous expliquer sur cela d'une manieré à ne plus laisser aucunes équivoques sur nos intentions : A CES CAUSES, de l'avis de notre Conseil, & de notre certaine science, pleine puissance & autorité Royale, Nous avons, par ces Présentes signées de notre main, dit, déclaré & ordonné; disons, déclarons & ordonnons; voulons & nous plaît, que les Carossiers, Selliers, Boureliers, Cordonniers, & tous autres Ouvriers employans Cuirs de quelqu'espèce qu'ils soient, ne puissent être assujettis à payer les Droits établis sur lesdits Cuirs qu'ils employent, lorsque lesdits Droits auront été payés au Lieu où ils les auront achetés, dérogeant quant à ce, à la Déclaration du 6. Février 1706. laquelle sera au surplus exécutée selon sa forme & teneur, ensemble les Edits, Déclarations & Arrêts rendus au sujet desdits Cuirs. SI DONNONS EN MANDEMENT à nos amés & féaux les Gens tenans notre Cour de Parlement & Aydes à Dijon, que ces Présentes ils ayent à faire lire, publier & régistrer, & le contenu en icelles suivre, garder, observer & exécuter selon leur forme & teneur; cessant & faisant cesser tous troubles & empêchemens qui pourroient être mûs ou donnés nonobstant tous Edits, Déclarations,

& autres choſes à ce contraires auſquelles Nous avons dérogé & dérogeons par ces Préſentes, aux copies deſquelles, collationnées par l'un de nos amés & féaux Conſeillers-Secretaires, voulons que foi ſoit ajoutée, comme à l'original ; CAR TEL EST NOTRE PLAISIR : en témoin de quoi Nous avons fait mettre notre Scel à ceſdites Préſentes. DONNÉ à Fontainebleau le vingt-huitiéme jour d'Octobre l'an de Grace 1754. & de notre Regne le quarantiéme. *Signé*, LOUIS. *Et plus bas par le Roi*, PHELYPEAUX. *Vu au Conſeil*, MOREAU DE SECHELLES. *Et ſcellé du grand Sceau de cire jaune.*

Régiſtrée, oui & ce requérant le Procureur Général du Roi, à la diligence duquel copie de ladite Déclaration & du préſent Arrêt, ſeront envoyées dans tous les Bailliages & Siéges de ce Reſſort, pour y être luës, publiées, pareillement régiſtrées, & ladite Déclaration exécutée ſelon ſa forme & teneur. Fait en Parlement, les Chambres aſſemblées, à Dijon le 20. Février 1755. & a été ladite Déclaration luë, publiée à l'Audience publique de ladite Cour le 25. dudit mois. Signé, *FROCHOT.*

A DIJON, chez J. CAUSSE, Imprimeur du Parlement, Place Saint Etienne, 1755.

ARRÊT DU CONSEIL D'ETAT,

SUR LETTRES-PATENTES.

QUI ordonnent que l'Huile de Pavot, dite d'Œillet, sera mêlangée avec l'Essence de Thérébentine.

EXTRAIT DES RÉGISTRES DU CONSEIL D'ÉTAT.

Du 22. Décembre 1754.

SUR ce qui a été représenté au Roi, étant en son Conseil, que l'Huile de Pavot appellée communément Huile d'Œillet, ayant été de tout temps reconnuë d'un usage pernicieux, il avoit été ordonné par différens Réglemens qu'elle ne pourroit être débitée dans le Commerce sans être auparavant gâtée avec l'Essence de Thérébentine; mais que les soins que l'on a pris pour procurer l'exécution de ces Réglemens, ont été éludés, soit par le déguisement des vaisseaux, soit par les entrepôts de cette Marchandise, ce qui peut causer des effets extrêmement dangéreux : Et Sa Majesté voulant rémédier aı incônvéniens qui naîtroient du débit frauduleux de c Huiles, & empêcher qu'elles n'entrent dans les alimen Vu l'avis des Députés au Bureau du Commerce. Oui Rapport du S^r. Moreau de Sechelles, Conseiller d'Et ordinaire & au Conseil Royal, Controlleur Général d Finances. SA MAJESTÉ, ETANT EN SON CONSEIL a ordonné & ordonne.

ARTICLE PREMIER.

Qu'à compter du jour de la publication du préseı Arrêt, l'Huile de Pavot, dite d'Œillet, sera mêlangé avec l'Essence de Thérébentine dans le Moulin même c la Fabrication, en jettant une livre & demie de ladiı Essence dans chaque baril, pesant net deux cens livre d'Huile d'Œillet, & à proportion dans les vaisseaux d plus grande ou plus petite continence, à peine contre le Maîtres des Moulins de cinq cens livres d'amende pou chaque contravention, & de confiscation de ladite Huile

II.

Défend Sa Majesté aux Vendeurs ou Commissionnaire de se charger d'Huile d'Œillet non mêlangée, en la maniere & proportion ci-dessus expliquées, ni de les expédier pour quelque Lieu du Royaume que ce puisse être, sous les mêmes peines ci-dessus prononcées.

III.

Ordonne Sa Majesté, qu'à cet effet les Lettres de Voiture seront signées par le Vendeur ou Commissionnaire, & contiendront mention expresse que les Huiles envoyées sont Huiles d'Œillet gâtées, sans que lesdits Vendeurs ou Commissionnaires puissent se servir à cet égard du terme générique d'Huile de Graine, le tout sous les mêmes peines ci-dessus prononcées.

I V.

Fait Sa Majesté défenses aux Epiciers, Echopiers, Graissiers & autres de quelque condition & état qu'ils soient, de recevoir & retirer chez eux ou dans leurs Magasins aucunes Huiles de Pavot, dites d'Œillet, qu'elle ne soit mêlangée avec ladite Essence de Thérébentine, à peine contre les Contrevenans de cinq cens livres d'amende, de destitution de Maîtrise, & de confiscation desdites Huiles.

V.

Ordonne Sa Majesté, qu'à l'entrée des Villes où lesdites Huiles seront transportées, elles y seront visitées au moment de leur arrivée par les Gardes de l'Epicerie dans les Lieux où il s'en trouvera d'établis, ou par les Juges ordinaires dans les Lieux où il n'y aura point de Gardes de l'Epicerie, à l'effet, dans le cas de contravention, d'être par eux procédé à la saisie desdites Huiles.

V I.

Les mêmes Huiles de Pavot, dites d'Œillet, venant de l'Etranger sans être mêlées avec l'essence de Thérébentines, ne pourront être reçuës dans le Royaume & délivrées aux Personnes à qui elles auront été adressées, sans auparavant avoir été mêlées, ainsi qu'il est ci-dessus ordonné; & ce, en présence des Gardes de l'Epicerie dans les Lieux où il s'en trouvera d'établis, ou des Juges ordinaires des Lieux, dans ceux où il n'y aura point de Gardes de l'Epicerie : Et seront sur le présent Arrêt toutes Lettres nécessaires expédiées. Fait au Conseil d'Etat du Roi, Sa Majesté y étant, tenu à Versailles le vingt-deuxiéme jour de Décembre 1754. *Signé*, DEVOYER D'ARGENSON.

LETTRES-PATENTES.

Du 22. Décembre 1754.

LOUIS PAR LA GRACE DE DIEU, ROI DE FRANCE ET DE NAVARRE; à nos amés & féaux les Gens tenans notre Cour de Parlement & Cour des Aydes à Dijon SALUT. Sur ce qui Nous a été représenté, que l'Huile de Pavot, appellée communément Huile d'Œillet, ayant été de tout temps reconnuë d'un usage pernicieux, il avoit été ordonné par différens Réglemens, qu'elle ne pourroit être débitée dans le Commerce, sans être auparavant gâtée avec l'Essence de Thérébentine; mais que les soins que l'on a pris pour procurer l'"exécution de ces Réglemens, ont été éludés, soit pat le déguisement des vaisseaux, soit par les entrepôts de cette Marchandise; ce qui peut causer des effets extrêmement dangereux : & voulant remédier aux inconvéniens qui naîtroient du débit frauduleux de ces Huiles, & empêcher qu'elles n'entrent dans les alimens : sur quoi Nous y avons pourvu par l'Arrêt de cejourd'hui rendu en notre Conseil d'Etat, Nous y étant, pour l'exécution duquel Nous avons ordonné que toutes Lettres nécessaires seront expédiées. A CES CAUSES : de l'avis de notre Conseil, qui a vu ledit Arrêt, dont Extrait est ci-attaché sous le contre-Scel de notre Chancellerie, Nous avons ordonné, & par ces Présentes signées de notre main, ordonnons.

ARTICLE PREMIER.

Qu'à compter du jour de la Publication des Présentes, l'Huile de Pavot, dite d'Œillet, sera mélangée avec l'Essence de Thérébentine, dans le Moulin même de la Fabrication, en jettant une livre & demie de ladite Essence dans chaque baril, pesant net deux cens livres d'Huile d'Œillet, & à proportion dans les vaisseaux de plus grande ou plus petite continence, à peine contre les Maîtres des Moulins, de cinq cens livres d'amende pour chaque contravention & de confiscation de ladite Huile.

I I.

Défendons aux Vendeurs ou Commissionnaires de se charger d'Huile d'Œillet non mêlangée en la maniere & proportion ci-dessus expliquées, ni de les expédier pour quelque Lieu de notre Royaume que ce puisse être, sous les mêmes peines ci-dessus prononcées.

I I I.

Ordonnons qu'à cet effet, les Lettres de Voiture seront signées par le Vendeur ou Commissionnaire, & contiendront mention expresse que ces Huiles envoyées, sont Huiles d'Œillet gâtées, sans que les Vendeurs ou Commissionnaires puissent se servir à cet égard du terme générique d'Huile de Graine; le tout sous les mêmes peines ci-dessus prononcées.

I V.

Faisons défenses aux Epiciers, Echopiers, Graissiers & autres, de quelque condition & état qu'ils soient, de recevoir & retirer chez eux, ou dans leurs Magasins, aucunes Huiles de Pavot, dites d'Œillet, qu'elles ne soient mêlangées avec ladite Essence de Thérébentine, à peine contre les Contrevenans, de cinq cens livres d'amende, de destitution de Maîtrise & de confiscation desdites Huiles.

V.

Ordonnons qu'à l'entrée des Villes où lesdites Huiles sont transportées, elles y seront visitées au moment de leur arrivée par les Gardes de l'Epicerie, dans les Lieux où il s'en trouvera d'établis, ou par les Juges ordinaires, dans les Lieux où il n'y aura point de Gardes de l'Epicerie, à l'effet, dans le cas de contravention, d'être par eux procédé à la saisie desdites Huiles.

V I.

Les mêmes Huiles de Pavot, dites d'Œillet, venant de l'Etranger, fans être mêlées avec l'Effence de Thérébentine, ne pourront être reçuës dans notre Royaume, & délivrées aux Perfonnes à qui elles auront été adreffées, fans auparavant avoir été mêlées, ainfi qu'il eft ci-deffus ordonné; & ce, en préfence des Gardes de l'Epicerie, dans les Lieux où il s'en trouvera d'établis, ou des Juges ordinaires des Lieux, dans ceux où il n'y aura point de Gardes de l'Epicerie. SI VOUS MANDONS, que ces Préfentes vous ayez à faire régiftrer, & le contenu en icelles exécuter felon leur forme & teneur. CAR TEL EST NOTRE PLAISIR. DONNÉ à Verfailles le vingt-deuxiéme jour de Décembre l'an de Grace mil fept cent cinquante-quatre, & de notre Régne le quarantiéme. *Signé*, LOUIS. *Et plus bas par le Roi*, PHELYPEAUX. *Et fcellé du grand Sceau de cire jaune.*

Régiftrés, oui & ce requerant le Procureur Général du Roi, à la diligence duquel copies defdits Arrêt du Confeil d'Etat, & Lettres-Patentes données fur icelui, feront envoyées dans tous les Bailliages & Siéges de ce Reffort, pour y être luës, publiées, régiftrées, & lefdits Arrêt du Confeil d'Etat & Lettres-Patentes exécutés fuivant leur forme & teneur : Enjoint aux Subftituts dudit Procureur Général du Roi d'y tenir la main, & d'en certifier la Cour dans quinze jours prochains. Fait à Dijon en Parlement les Chambres affemblées le quatorze Août 1755. & ont été lefdits Arrêt du Confeil & Lettres-Patentes lus & publiés à l'Audience publique du même jour. Signé, *CHANCELIER.*

A DIJON, chez J. CAUSSE, Imprimeur du Parlement, Place Saint Etienne. 1755.

DECLARATION DU ROI,

AU sujet des Successions mobiliaires des Sujets de Suede décédés en France.

Du 24. Décembre 1754.

LOUIS PAR LA GRACE DE DIEU, ROI DE FRANCE ET DE NAVARRE; à tous ceux qui ces présentes Lettres verront : SALUT. Comme Nous sommes convenus avec le Roi de Suede, de faire jouir ses Sujets des mêmes avantages en France pour les Successions mobiliaires dont nos Sujets jouiroient dans ses Etats; & qu'à cet effet il a par son Ordonnance du 7. Décembre 1752. déclaré & ordonné que les Héritiers & Représentans des François qui délaisseroient des biens-meubles & effets mobiliers en Suede, pourroient les recueillir librement & les transporter hors de sesdits Etats, sans payer aucuns droits, soit à la Couronne, soit aux Villes où les Successions seroient ouvertes : Nous avons résolu réciproquement d'exempter du droit d'Aubaine les meubles & effets mobiliers qui se trouvoient ci-devant soumis en France, audit droit, par la mort des Sujets de la Couronne de Suede ausquels ils avoient appartenu. A CES CAUSES & autres à ce Nous mouvans, de notre certaine science, pleine puissance &

autorité Royale ; Nous avons par ces présentes signées de notre main, dit, déclaré & ordonné, disons, déclarons & ordonnons, voulons & Nous plaît qu'il soit permis à tous les Sujets du Roi de Suede, soit Commerçans ou autres sans aucune distinction de léguer ou donner, soit par testament, par donation ou autre disposition quelconque reconnuë valable & légitime dans le Lieu de leur domicile, toutes les marchandises, effets, argent, dettes actives & autres biens mobiliers qui se trouveront ou devront leur appartenir en France au jour de leur décès. Que leurs Héritiers légitimes ou testamentaires, leurs Légataires ou tous autres ayant titre valable pour exercer leurs droits, demeurans dans les Territoires & Lieux de notre Domination, ou venans d'ailleurs, quoiqu'ils ne soient pas reçus dans le nombre des Citoyens de nos Etats, puissent recueillir librement lesdits biens & effets, tant dans le cas où ils voudroient s'établir en France, que dans celui où ils auroient intention de transporter lesdits biens & & effets hors du Royaume : qu'en conséquence lesdits Sujets du Roi de Suede, leurs Procureurs & Mandataires, & leurs Tuteurs & Curateurs, puissent réclamer lesdits biens & effets, se les faire remettre, les régir & administrer, donner toutes décharges valables en justifiant seulement de leurs titres & qualités, & ce nonobstant toutes Loix, Statuts, Edits, Coutumes ou droit d'Aubaine à ce contraires, ausquels Nous dérogeons en tant que besoin seroit : voulant en outre que le contenu en cette notre Déclaration sorte son plein & entier effet, à compter du premier Janvier de l'année derniere 1753. SI DONNONS EN MANDEMENT à nos amés & féaux les Gens tenans notre Cour de Parlement & Aydes à Dijon, que ces présentes ils ayent à faire lire, publier & régistrer, & le contenu en icelles garder, observer & exécuter selon leur forme & teneur, aux copies desquelles collationnées par l'un de nos amés & féaux Conseillers-Secretaires, voulons que foi soit ajoutée comme à l'original. CAR TEL EST NOTRE PLAISIR, en témoin de quoi Nous avons fait mettre notre Scel à cesdites présentes.

DONNÉ à Verſailles le vingt-quatriéme jour de Décembre l'an de Grace mil ſept cent cinquante-quatre, & de notre Régne le quarantiéme. *Signé*, LOUIS. *Et plus bas par le Roi*, PHELYPEAUX. *Vu au Conſeil*, MOREAU DE SECHELLES. *Et ſcellé du grand Sceau de cire jaune.*

Régiſtrée, oui & ce requérant le Procureur Général du Roi, à la diligence duquel copies de ladite Déclaration & du préſent Arrêt, ſeront envoyées dans tous les Bailliages & Siéges de ce Reſſort, pour y être luës, publiées & régiſtrées, & ladite Déclaration exécutée ſelon ſa forme & teneur, enjoint aux Subſtituts dudit Procureur Général du Roi auſdits Bailliages & Siéges d'y tenir la main, & d'en certifier la Cour dans quinze jours prochains. Fait à Dijon en Parlement les Chambres aſſemblées le quatorze Avril 1755. & a été ladite Déclaration luë & publiée à l'Audience de ladite Cour le ſeize Juin 1755. Signé, *CHANCELIER.*

A DIJON, chez J. CAUSSE, Imprimeur du Parlement, Place Saint Etienne. 1755.

EDIT DU ROI,

PORTANT suppression des Offices de Procureurs de Police & Hôtels de Ville du Royaume, qui se trouvent vacans & viendront à vaquer.

Du 28. Février 1755.

LOUIS PAR LA GRACE DE DIEU, ROI DE FRANCE ET DE NAVARRE; à tous présens & à venir: SALUT. Nous sommes informés que plusieurs Offices de nos Procureurs, tant de Police que des Hôtels de Ville établis dans différens Lieux de notre Royaume, se trouvent actuellement vacans en nos Parties casuelles; & comme il Nous a paru convenable, que ces sortes de fonctions fussent exercées, autant qu'il est possible, par nos Procureurs dans nos Jurisdictions ordinaires, Nous avons jugé à propos d'expliquer nos intentions sur ce sujet. A CES CAUSES & autres considérations à ce Nous mouvans, de l'avis de notre Conseil & de notre certaine science, pleine puissance & autorité Royale; Nous avons par le présent Edit perpétuel & irrévocable, dit, statué & ordonné, disons, statuons & ordonnons, voulons & Nous plaît ce qui suit.

ARTICLE PREMIER.

Les Offices de nos Procureurs de Police créés par Edit

du mois de Novembre 1699. & autres Edits poſtérieurs ; enſemble ceux de nos Procureurs dans les Hôtels des Villes de notre Royaume, établis par Edit du mois de Juillet 1690. & autres Edits poſtérieurs, notamment par l'Edit du mois de Novembre 1733. leſquels ſe trouvent actuellement vacans en nos Parties caſuelles, ou qui y vaqueront par la ſuite, & qui ſe trouvent établis dans des Villes où il y a Siége de Bailliage, Sénéchauſſée, Prevôté, Vicomté & autres de pareille qualité exerçant la Juriſdiction ordinaire ſous le Reſſort médiat ou immédiat de nos Parlemens, ſeront & demeureront éteints & ſupprimés, comme Nous les éteignons & ſupprimons par le préſent Edit : ce faiſant, voulons que les fonctions deſdits Offices demeurent réunies à perpétuité à ceux de nos Procureurs en noſdites Juriſdictions ordinaires, à l'effet par eux de jouir des émolumens & droits attachés auſdits Offices de nos Procureurs, tant de Police que deſdits Hôtels de Ville, ſans néanmoins qu'ils puiſſent être compris dans nos Etats pour aucuns gages attribués auſdits Offices ſupprimés, ni qu'ils puiſſent prétendre aucuns droits ſur les deniers d'Octrois ou revenus Patrimoniaux deſdites Villes qui tiendroient lieu deſdits gages.

I I.

Ceux deſdits Offices de nos Procureurs de Police & deſdits Hôtels de Ville qui ſe trouvent réunis aux Offices de nos Procureurs en nos Juriſdictions ordinaires, avec faculté de les déſunir, demeureront éteints & ſupprimés ; ordonnons néanmoins que noſdits Procureurs & leurs Succeſſeurs à perpétuité, continueront d'exercer les fonctions deſdits Offices, & de jouir, tant des gages que des autres émolumens y attachés.

I I I.

Et à l'égard deſdits Offices de nos Procureurs de Police & deſdits Hôtels de Ville qui ſont actuellement vacans, ou qui vaqueront à l'avenir par mort, réſignation ou autrement ; voulons qu'ils ſoient & demeurent éteints & ſupprimés, & leurs fonctions réunies à perpétuité aux Offices de nos Procureurs en noſdites Juriſdictions ordinaires, à la charge par eux de payer aux Propriétaires desdits Offices supprimés, l'indemnité qui leur sera duë pour raison de la suppression portée par le présent article.

I V.

Pour parvenir à la fixation de ladite indemnité, les Propriétaires desdits Offices supprimés seront tenus de remettre ès mains du S[r]. Controlleur Général de nos Finances leurs contrats d'acquisition, quittances de finance & autres titres de propriété ; sçavoir, à l'égard de ceux qui sont actuellement vacans, dans quinzaine, à compter du jour de l'enrégistrement du présent Edit ; & à l'égard de ceux qui vaqueront dans la suite, dans quinzaine, à compter du jour du décès, ou de la démission de chacun desdits Offices, pour être par Nous procédé à la liquidation de ladite indemnité, laquelle sera payée par nosdits Procureurs ausdits Propriétaires, un mois après ladite liquidation.

V.

Voulons qu'en remettant par lesdits Propriétaires leurs titres de propriété dans les délais ci-dessus prescrits, nosdits Procureurs soient tenus de payer les interêts de ladite indemnité, à raison du denier vingt-cinq, à compter du jour de l'enrégistrement du présent Edit, ou de la vacance par décès, ou démission, & faute de les remettre dans lesdits délais, lesdits interêts ne commenceront à courir que de ladite remise.

V I.

Au moyen du payement de ladite indemnité, nos Procureurs de nosdites Jurisdictions jouiront des gages attribués ausdits Offices de nos Procureurs de Police & desdites Villes, tant de ceux compris dans nos Etats, que des émolumens.

V I I.

Nos Procureurs en nosdites Jurisdictions & leurs Successeurs ausdits Offices, ne pourront sous prétexte des réunions, ordonnées par les articles I. II. & III. du présent

Edit, être tenus d'obtenir de nouvelles Provisions, ni de payer de plus grands droits du Sceau, marc d'or & autres frais de mutation, ni d'autres droits de prêt annuel, que ceux dont ils étoient tenus pour raison de leurs Offices de nos Procureurs en nosd. Jurisdictions. SI DONNONS EN MANDEMENT à nos amés & féaux les Gens tenans notre Cour de Parlement de Dijon, qu'ils ayent à enrégistrer notre présent Edit & à le faire lire, publier, afficher & exécuter sans souffrir qu'il y soit contrevenu en quelque sorte & maniere que ce soit. CAR TEL EST NOTRE PLAISIR, en témoin de quoi Nous y avons fait mettre notre Scel. DONNÉ à Versailles le vingt-huit Février l'an de Grace mil sept cent cinquante-cinq, & de notre Régne le quarantiéme. *Signé*, LOUIS. *Et plus bas par le Roi*, PHELYPEAUX. *Visa*, MACHAULT. *Vu au Conseil*, MOREAU DE SECHELLES. *Et scellé du grand Sceau de cire jaune.*

Régistrée, oui & ce requérant le Procureur Général du Roi, à la diligence duquel copies d'icelui & du présent Arrêt, seront envoyés dans tous les Bailliages & Siéges de ce Ressort, pour y être lus, publiés, régistrés, & ledit Edit exécuté suivant sa forme & teneur, enjoint aux Substituts dudit Procureur Général du Roi ausdits Bailliages & Siéges, d'y tenir la main & d'en certifier la Cour dans quinze jours prochains. Fait à Dijon en Parlement les Chambres assemblées le treize Juin 1755. & a été ledit Edit lu & publié à l'Audience publique de ladite Cour le seize du même mois. Signé, *CHANCELIER.*

A DIJON, chez J. CAUSSE, Imprimeur du Parlement, Place Saint Etienne. 1755.

EDIT DU ROI,

PORTANT Fixation des Offices des Chancelleries près les Cours & Conseils supérieurs du Royaume.

Donné à Versailles au mois de Septembre 1755.

LOUIS, PAR LA GRACE DE DIEU, ROI DE FRANCE ET DE NAVARRE : A tous présens & à venir : SALUT. Ayant considéré que les Offices de nos Chancelleries tirant leur valeur des droits & priviléges qui leur sont attachés, sans qu'elle dépende du plus ou moins d'étenduë de ressort des Cours & Conseils supérieurs, près desquels lesdites Chancelleries sont établies ; il n'y avoit aucune raison pour que leurs droits & priviléges, qui sont les mêmes, eussent des finances différentes : Nous avons résolu de réformer à cet égard l'état de fixation attaché sous le contre-Scel de notre Edit du mois de Décembre 1715. en exécution duquel lesdits Offices ont été vendus, & de rendre leur finance uniforme, en la fixant à un prix proportionné à l'étenduë de leurs attributions. A CES CAUSES, & autres à ce Nous mouvant, & de notre certaine science, pleine puissance & autorité Royale, Nous avons, par notre présent Edit perpétuel & irrévocable, dit, statué & ordonné, disons, statuons & ordonnons, voulons & Nous plaît ce qui suit.

ARTICLE PREMIER.

LA finance de tous les Offices des Chancelleries près les Cours & Conseils supérieurs de notre Royaume, sera & demeurera à l'avenir indistinctement fixée ; sçavoir, celle des Gardes des Sceaux, des Audienciers, des Controlleurs & des Payeurs des gages, à soixante-cinq mille livres ; &

celle de nos Conſeillers-Secretaires, à cinquante-cinq mille livres : Voulons, en conſéquence, que tous ceux d'entr'eux, dont la finance eſt au-deſſous de ladite fixation, ſoient tenus de payer, chacun en droit ſoi, un ſupplément juſqu'à concurrence d'icelle, ſans que pour raiſon de cette augmentation, il ſoit dû pour leurs Offices de plus grands droits de ſurvivance, de marc d'or, de garde des rolles & de ſceau que par le paſſé.

II. ATTRIBUONS à tous leſdits Officiers, des gages à quatre pour cent de la finance qu'ils ſe trouveront dans le cas de Nous payer en vertu du préſent Edit, deſquels gages, l'emploi ſera fait par augmentation dans nos Etats, pour, par eux, en jouir conjointement avec ceux qui leur ſont déjà attribués, & en être payés de la même maniere par les Payeurs des gages deſdites Chancelleries, dans les comptes deſquels la dépenſe en ſera allouée ſans difficulté, en rapportant pour la premiere fois des copies collationnées des quittances dudit ſupplément de finance, ſans que leſdits Officiers ſoient tenus de les faire enrégiſtrer en nos Chambres des Comptes, ni de prendre l'attache des Bureaux des Finances. Voulons que leſdits nouveaux gages demeurent déchargés du vingtiéme & deux ſols pour livre du dixiéme.

III. POUR établir la quotité du ſupplément dont chacun de noſdits Officiers ſe trouvera redevable, Voulons que dans deux mois, pour tout délai, à compter du jour de la publication du préſent Edit, ceux d'entr'eux pour les Offices deſquels il pourroit avoir été payé des finances antérieurement à nos Edits des mois de Décembre 1715. & Mai 1716. ſoient tenus d'en remettre les quittances ès mains du Sieur Controlleur Général de nos Finances, pour la liquidation en être faite & leur en être tenu compte, ſi le cas y échet ; ſinon & à faute d'en juſtifier dans ledit délai, qu'il ne leur ſoit tenu compte que des finances payées par eux ou leurs Prédéceſſeurs, tant en vertu deſdits Edits que de ceux rendus depuis.

IV. LA ſomme à laquelle ſe trouvera monter ledit ſupplément de finance, & en outre les deux ſols pour livre d'icelle, feront payés par chacun desdits Officiers, suivant les rolles qui seront arrêtés en notre Conseil, au Thrésorier de nos revenus casuels, & sur ses quittances, en quatre payemens égaux ; dont le premier dans le mois de Janvier prochain, & les trois autres de trois mois en trois mois ; au moyen de quoi Nous leur accordons la jouissance desdits nouveaux gages, à commencer du premier dudit mois de Janvier, nonobstant que les quittances de finance se trouvent datées postérieurement, ce dont il sera fait mention dans les mêmes quittances : Voulons même que ceux qui entreront en payement dans le courant du mois d'Octobre, & qui continueront ainsi de trois mois en trois mois, non-seulement jouissent desdits gages à commencer du premier dudit mois d'Octobre, mais qu'ils demeurent en outre déchargés des deux sols pour livre. A l'égard de ceux qui pourroient être en défaut de satisfaire ausdits payemens dans le terme de Janvier & les suivans ; entendons qu'ils ne jouissent desdits gages, qu'à compter du jour de la date de leurs quittances, dans lesquelles il en sera pareillement fait mention ; & où il s'en trouveroit qui n'eussent point acquitté la totalité dudit supplément au premier Janvier 1757. nous les déclarons déchus de tous Priviléges, sans que ladite peine puisse être réputée comminatoire.

V. AUTORISONS lesdits Officiers à emprunter les sommes nécessaires pour ledit supplément, & à y affecter & hypothèquer leurs Offices, même par privilége spécial, & préférence à tous créanciers, la finance & les gages ordonnés par le présent Edit : Voulons qu'il soit fait déclaration desdits emprunts, dans les quittances qui leur seront expédiées par le Thrésorier de nos revenus casuels.

VI. CONFIRMONS au surplus tous lesdits Officiers, dans les honneurs, rang, fonctions, droits, émolumens, priviléges, prérogatives, franchises, exemptions & immunités qui leur sont accordés par les précédens Edits & Déclarations ; à la charge toutefois par eux de payer au préalable le supplément de finance dont ils pourront se trouver redevables, conformément au présent

Edit. SI DONNONS EN MANDEMENT à nos amés & féaux Conseillers les Gens tenant notre Cour de Parlement, Chambre des Comptes & Cour des Aides à Dijon, que notre présent Edit ils ayent à faire lire, publier & régistrer (même en temps de Vacations) & le contenu en icelui garder & observer de point en point, selon sa forme & teneur, nonobstant tous Edits, Déclarations, Arrêts, Réglemens & autres choses à ce contraires, ausquels Nous avons dérogé & dérogeons par le présent Edit : CAR TEL EST NOTRE PLAISIR. Et afin que ce soit chose ferme & stable à toujours, Nous y avons fait mettre notre Scel. DONNÉ à Versailles au mois de Septembre l'an de Grace mil sept cent cinquante-cinq, & de notre Régne le quarante-uniéme. *Signé*, LOUIS. *Et plus bas*, par le Roi, PHELYPEAUX. *Visa* MACHAUT. Vu au Conseil MOREAU DE SECHELLES. Et scellé du grand Sceau de cire verte, en lacs de soie rouge & verte.

Régistré, oui & ce requerant le Procureur Général du Roi, à la diligence duquel copies dudit Edit seront envoyées dans les Bailliages & Siéges de ce Ressort, pour y être luës, publiées & régistrées, à la charge de l'enrégistrement en plein Parlement. Fait en la Chambre séant au temps des Vacations, à Dijon le 24. Octobre 1755.

Régistré, oui, & ce requerant le Procureur Général du Roi, à la diligence duquel copies dudit Edit, & du présent Arrêt, seront envoyées dans tous les Bailliages & Siéges de ce Ressort, pour y être luës, publiées, régistrées & ledit Edit exécuté suivant sa forme & teneur; enjoint aux Substituts dudit Procureur Général du Roi, d'y tenir la main, & d'en certifier la Cour dans le mois. Fait en Parlement à Dijon les Chambres assemblées, le cinq Décembre 1755. Et a été ledit Edit lu & publié à l'Audience publique de ladite Cour le vingt-neuf du même mois. Signé, *CHANCELIER*.

A DIJON, chez CAUSSE, Imprimeur du Parlement & de l'Intendance, Place Saint Etienne.

ARRÊT DE LA COUR DE PARLEMENT.

Du 12. Décembre 1755.

CE jour, les Chambres assemblées, M. le Président Gagne de Perigny a dit, que Messieurs étoient instruits qu'il se répandoit depuis quelque temps dans le Public une Déclaration du Roi concernant l'exécution, dans toute l'étenduë du Royaume, des Arrêts, Ordonnances & Mandemens rendus par le Grand Conseil, en date du 10. Octobre 1755. qu'ils n'ignoroient pas non plus que cette Déclaration avoit été envoyée dans les Bailliages du Ressort de la Cour par le Procureur Général du Roi au grand Conseil : Que M. le Premier Président aux Chambres assemblées le 17. Novembre 1755. rendit compte à la Compagnie de ce qu'il avoit fait à ce sujet, & déclara qu'il avoit ordonné aux Officiers des Bailliages qui se trouvoient pour lors assemblés en cette Ville à l'occasion des Mercuriales qui se font à la rentrée du Parlement, de surséoir à l'enrégistrement de cette Déclaration, jusqu'à ce qu'il plût à la Cour de leur prescrire ce qu'ils auroient à faire : Qu'une démarche aussi sage & aussi réfléchie avoit paru pour lors suffisante à la Compagnie pour maintenir l'ordre public & mettre à couvert ses interêts ; mais que depuis il avoit appris que quelques Bailliages du Reſſort de la Cour avoient enrégiſtré cette Déclaration au préjudice des ordres de ſurſéoir donnés par M. le Premier Préſident aux Officiers des Bailliages : Qu'un de Meſſieurs l'avoit inſtruit, il y a peu de jours, que le Bailliage de Semur en Auxois étoit un de ceux où cette Déclaration avoit été enrégiſtrée, & que le Subſtitut du Procureur Général du Roi audit Bailliage étoit actuellement en cette Ville ; que pour éclaircir la vérité de ce fait important, il avoit mandé cet Officier qui lui avoit appris qu'il avoit effectivement requis la publication & l'enrégiſtrement de cette Déclaration qui avoit été ſur le champ enrégiſtrée audit Bailliage de Semur en Auxois : Qu'enfin il lui étoit parvenu depuis deux jours ſeulement, une copie imprimée de cette Déclaration ; que les changemens ſurvenus depuis & au préjudice des précautions priſes par M. le Premier Préſident, lui avoient paru intereſſer la Compagnie & méritoient ſon attention. Sur ce, lecture faite de la copie imprimée de cette Déclaration, & la matiere miſe en Délibération, il auroit été arrêté que M^e^. Florent Nicolas, Subſtitut du Procureur Général du Roi au Bailliage de Semur en Auxois, ſeroit mandé ſur le champ par un Huiſſier de la Cour, pour, en préſence des Gens du Roi qui ſeroient avertis d'entrer, rendre compte à la Cour de ce qui s'étoit paſſé dans ledit Bailliage de Semur au ſujet de la Déclaration du Roi qui lui avoit été envoyée par les Gens du Grand Conſeil, & ce pendant que les Chambres demeureroient aſſemblées, & à l'inſtant les Gens du Roi ayant été mandés, auſquels M. le Préſident de Perigny auroit fait entendre l'objet de l'arrêté ci-deſſus, & l'Huiſſier ayant rapporté que le Subſtitut du Procureur Général du Roi au Bailliage de Semur étoit au Palais, icelui averti & entré, étant en robbe, debout & découvert, il lui auroit été dit que la Cour l'avoit mandé pour ſçavoir de lui ſi la Déclaration du 10. Octobre 1755. lui avoit été envoyée par les Gens du Grand Conſeil, s'il en avoit requis la publication & l'enrégiſtrement en ſon Siége, ſi cet enrégiſtrement y avoit été fait, & quels avoient été les motifs pour y procéder contre les formes ordinaires au préjudice des ordres qu'il avoit reçu de M. le Premier Préſident, ainſi que les autres Officiers des Bailliages, de ſurſéoir à l'enrégiſtrement de cette Déclaration, à quoi ledit Subſtitut du Procureur

Général du Roi, audit Bailliage de Semur en Auxois, auroit répondu, qu'il avoit l'honneur de repréſenter à la Cour qu'il étoit vrai que la Déclaration lui avoit été adreſſée par le Procureur Général du Roi au Grand Conſeil, qu'elle avoit été publiée & enrégiſtrée ſur ſes requiſitions, qu'il avoit même donné avis de cet enrégiſtrement audit Procureur Général du Roi au Grand Conſeil, & que le tout avoit été fait avant qu'il eût reçu les ordres de M. le P. Préſident; mais que comme lors de ces ordres, il reconnut qu'il avoit fait une faute, il n'oſa déclarer à mondit Sieur le P. Préſident ce qui s'étoit paſſé, & qu'il ſupplioit la Cour de lui pardonner, parce qu'il n'avoit pas ſenti les conſéquences de cet enrégiſtrement : ledit Nicolas retiré, oui les Gens du Roi dans leurs Concluſions, après leſquelles ils ſont ſortis; & la matiere miſe en Délibération, LA COUR, les Chambres aſſemblées, a ordonné & ordonne que l'enrégiſtrement fait au Bailliage de Semur en Auxois, de la Déclaration du Roi envoyée au Subſtitut du Procureur Général du Roi audit Siége, par les Gens du Grand Conſeil, ſera rayé & biffé ſur les Régiſtres dudit Bailliage, en marge deſquels ſera fait note du préſent Arrêt, enſemble tous autres enrégiſtremens qui auroient pu être faits dans les autres Bailliages du Reſſort de la Cour, ſi aucuns ſont, dont Procès-verbal ſera dreſſé : Fait défenſes à tous Juges du Reſſort de ladite Cour de rien innover au fait des enrégiſtremens, des Edits & Déclarations au préjudice des Ordonnances & Arrêts qui en ont réglé la forme, notamment de la Déclaration du Roi du mois de Mai 1648. enrégiſtrée en ce Parlement le 13. Juin ſuivant, envoyée & publiée dans tous les Bailliages du Reſſort de la Cour. Ordonne que copies collationnées du préſent Arrêt, feront envoyées auſdits Bailliages du Reſſort de la Cour, à la diligence du Procureur Général du Roi, qui ſera tenu de certifier icelle dans un mois, de l'exécution du préſent Arrêt; & attendu l'aveu fait par ledit Nicolas, Subſtitut du Procureur Général du Roi audit Bailliage de Semur en Auxois, de la contravention par lui commiſe aux Ordonnances, Arrêts & Réglemens concernans l'enrégiſtrement des Edits & Déclarations; ladite Cour a arrêté qu'il ſera mandé ſur le champ, pour lui être dit en préſence des Gens du Roi, qui ſeront avertis d'entrer, que la Cour déſaprouve ſa conduite, lui enjoint d'être plus circonſpect à l'avenir, & lui apprend qu'il ne doit pas reconnoître d'autre Supérieur immédiat que la Cour, ni procéder à l'enrégiſtrement des Déclarations, lorſqu'elles n'ont point été adreſſées, vérifiées & enrégiſtrées en icelle, & à lui envoyées par le Procureur Général du Roi en cette Cour : & à l'inſtant les Gens du Roi mandés & entrés, ledit Nicolas, Subſtitut dudit Procureur Général du Roi audit Bailliage de Semur en Auxois, a été appellé par un Huiſſier ; & étant entré, mondit Sieur le Préſident Gagne de Perigny lui a prononcé le contenu au préſent Arrêt, & lui a dit de ſe retirer. Fait en Parlement à Dijon le 12. Décembre 1755. *Signé*, CHANCELIER.

A DIJON, chez CAUSSE, Imprimeur du Parlement & de l'Intendance, Place Saint Etienne. 1755.

ARRÊT DE LA COUR DE PARLEMENT,

QUI défend aux Huissiers & Sergens, en procédant aux Ventes, de vendre en gros les meubles & effets saisis, & leur enjoint de les vendre par détail.

EXTRAIT DES RÉGISTRES DE PARLEMENT.

Du 27. Janvier 1756.

VU l'extrait de l'Arrêt rendu sur le Requisitoire par écrit du Procureur Général du Roi le 11. Décembre dernier, contenant qu'en exécution de Sentence donnée en la Justice Consulaire d'Autun, les meubles du nommé Maisonseul, Aubergiste à Toulon en Bourgogne, ayant été saisis à Requête de Louis Guille, Marchand à Toulon en Charôllois, & transportés au domicile d'Aubin, Vigneron, demeurant à Toulon en Bourgogne, Sequestre établi par l'Huissier, la vente en avoit été faite en gros le 27. Octobre dernier à requête du Sequestre & de l'autorité du même Siége, par Antoine Méhu, Huissier du Grenier à Sel de Toulon, qui par des motifs peut-être encore plus répréhensibles que contraires aux interêts du débiteur & de ses créanciers, s'est écarté de la régle fondée fur les Ordonnances, & de l'ufage, fuivant lequel de pareilles ventes font toujours faites en détail, ce qui a donné lieu à Maifonfeul d'en porter fes plaintes au Procureur Général du Roi, qui après avoir demandé fur les Lieux quelques éclairciffemens qui lui ont été fournis, eftime qu'il convient d'appeller cet Huiffier à la Cour; & dans cette vuë le Procureur Général du Roi auroit requis, qu'il fût ordonné audit Antoine Méhu premier Huiffier-Audiancier du Grenier à Sel de Toulon, de comparoître à la Cour huitaine après fignification de l'Arrêt qui interviendroit, pour être entendu derriere le Bareau en préfence du Procureur Général du Roi, fur les plaintes formées contre lui par Maifonfeul dans le Mémoire joint audit Requifitoire, & enfuite être requis par ledit Procureur Général du Roi ce qu'il appartiendroit, exploit du 9. du préfent mois de Janvier duëment controllé de fignification faite dudit Arrêt audit Méhu, lequel s'étant repréfenté en la Chambre des Huiffiers, le Procureur Général du Roi auroit été averti de venir prendre fa place, & peu après feroit furvenu Me. Louis-Elizabeth Voifin, l'un de fes Subftituts qui auroit pris fa place, après quoi le Greffier ayant fait entrer ledit Antoine Méhu, icelui étant debout & découvert derriere le Bareau, il eft convenu d'avoir vendu en gros & délivré à Laurence Pinot femme de Jean Perrau, les meubles & effets cette part faifis fur ledit Maifonfeul, mais qu'il n'en a agi de la forte que par pure ignorance, & pour n'avoir pas été inftruit des Ordonnances & Réglement concernant lefdites ventes; & fur ce qui lui a été demandé s'il n'eft pas vrai que peu après la délivrance faite à ladite Pinot defdits effets faifis, quelques Particuliers lui ayant demandé la remife de fon marché, elle avoit répondu qu'elle vouloit pour le remettre trois cens livres de bénéfice, icelui Méhu a déclaré que ce fait n'eft point venu à fa connoiffance & qu'il ne le croit pas véritable : Ledit Méhu retiré, oui ledit Subftitut du Procureur Général du Roi en fes Conclufions.

LA COUR a ordonné & ordonne que ledit Antoine Méhu fera préfentement mandé pour être blâmé & repris de fa conduite, & l'a interdit & interdit de fes fonctions pendant trois mois, ordonne qu'à la diligence du Procureur Général du Roi, & aux frais dudit Méhu, il sera procédé à l'estimation des meubles & effets saisis & vendus sur Maisonseul, ainsi qu'ils se trouvent détaillés dans l'exploit de saisie du 8. Mars dernier & dans le Procès-verbal de délivrance du 28. Octobre suivant, par Experts à ce connoissans, les ayant vu lors de ladite saisie, lesquels Experts en dresseront leur rapport qu'ils affirmeront véritable pardevant le premier Notaire Royal de la Ville de Toulon non suspect à ce commis, pour leur rapport rapporté à la Cour, être par ledit Procureur Général requis, & par la Cour ordonné ce qu'il appartiendra.

Faisant droit sur les plus amples requisitions du Procureur Général du Roi, a fait & fait défenses à tous Huissiers & Sergens du Ressort de la Cour, en procédant aux ventes, de vendre en gros les meubles & effets saisis, leur enjoint de les vendre par détail de suite en suite, ainsi qu'ils se trouveront rapportés & détaillés dans les exploits de saisie, sans en pouvoir intervertir l'ordre en façon quelconques, le tout à peine d'être privés de tous leurs droits pour raison des ventes ausquelles ils auront procédé, même d'interdiction de leurs fonctions.

Ordonne que le présent Arrêt sera envoyé à la diligence du Procureur Général du Roi, dans tous les Bailliages, Siéges & Jurisdictions Royales & Seigneuriales du Ressort de ladite Cour, pour y être publié à l'issuë des Messes Paroissiales, enrégistré & exécuté suivant sa forme & teneur: Enjoint aux Substituts dudit Procureur Général du Roi d'y tenir la main & d'en certifier la Cour dans le mois. Fait en Parlement à Dijon le vingt-sept Janvier mil sept cent cinquante-six.

Et à l'instant ledit Méhu ayant été averti & entré, étant debout & découvert derriere le Bareau, l'Arrêt cidessus lui a été prononcé, après quoi il a été blâmé & repris, ainsi qu'il est contenu au Régistre. *Signé* FROCHOT. *Collationné* PAGOT.

A DIJON, chez CAUSSE, Imprimeur du Parlement & de l'Intendance, Place Saint Etienne.

DECLARATION DU ROI,

QUI permet le Commerce & la Fonte des Matieres d'Or & d'Argent, & des Especes étrangeres.

DONNÉE A FONTAINEBLEAU LE 7. OCTOBRE 1755.

Régistrée en la Cour des Monnoies.

LOUIS PAR LA GRACE DE DIEU, ROI DE FRANCE ET DE NAVARRE : A tous ceux qui ces présentes Lettres verront : SALUT. L'abondance des matieres d'or & d'argent ayant toujours été regardée comme un des objets les plus interessans dans un Etat, Nous avons employé jusqu'à présent les moyens qui ont été les plus propres à la procurer dans notre Royaume, & à cet effet Nous avons permis le Commerce & même la Fonte des piastres & des réaux par l'Arrêt de notre Conseil du 4. Novembre 1727. Et voulant de plus en plus augmenter cette abondance si utile, faciliter le travail des Manufactures, & donner aux Commerçans une nouvelle preuve de la protection que Nous leur accordons, Nous avons jugé que la liberté du Commerce de toutes les matieres d'or & d'argent, même des espèces fabriquées dans les Pays étrangers, étoit une des voies les plus sures pour y parvenir. A CES CAUSES, & autres à ce Nous mouvant, de l'avis de notre Conseil, & de notre certaine science, pleine puissance & autorité Royale, Nous avons par ces présentes signées de notre main, dit, déclaré & ordonné, disons, déclarons & ordonnons, voulons & Nous plaît ce qui suit.

ARTICLE PREMIER.

Que dorénavant il ſoit permis, comme Nous le permettons à tous Marchands, Banquiers & Négocians, de faire librement, & ſans aucune eſpèce de reſtriction, le Commerce de toutes les matieres d'or & d'argent, même des eſpèces étrangeres, ſans que pour raiſon de ce, aucun de nos Sujets puiſſe être inquiété; pour quoi Nous défendons aux Officiers de nos Cours des Monnoies ou autres, toutes pourſuites & procédures, même en vertu des articles IV. V. IX. & XII. de l'Edit de Février 1726. & autres, contraires aux diſpoſitions de la préſente Déclaration, ainſi que des Arrêts de notre Conſeil, intervenus depuis ſur cette matiere, auſquels Nous avons expreſſément dérogé & dérogeons en ce qui concerne la liberté du Commerce deſdites matieres & eſpèces.

I I.

Ne pourront néanmoins leſdites eſpèces étrangeres avoir aucun cours dans notre Royaume, ni être données, reçuës ou expoſées à la piéce en aucun cas, ſous les peines portées par les Ordonnances.

I I I.

Pour faciliter l'uſage deſdites eſpèces étrangeres dans le Commerce, Nous permettons à toutes ſortes de Perſonnes ayant droit & caractere, ou permiſſion de Nous ou de nos Cours des Monnoies, de fondre leſdites eſpèces étrangeres, en ſe conformant à ce qui eſt preſcrit pour la Fonte & le Commerce des lingots, barres, barretons, culots & autres matieres, par les Arrêts de notre Conſeil des 20. Avril 1726. & 30. Avril 1751. ou autres concernant les marques & poinçons qui doivent être mis & appliqués ſur leſdites matieres commerçables: dérogeant à cet effet à la diſpoſition de l'article XIII. de notre Edit du mois de Février 1726. en ce qui concerne leſdites eſpèces étrangeres ; & en conféquence, voulons qu'elles ne foient plus dans le cas de la confifcation prononcée par les articles IV. & V. de notre Edit du mois de Février 1726.

IV.

A l'égard des efpèces vieilles de France, qui fe trouveront entre les mains des dépofitaires ou fous des fcellés, parmi les meubles & effets de parties faifies, dans des démolitions de maifons ou autrement, de telle maniere que ce foit, voulons qu'elles foient portées au plus tard dans la quinzaine du jour où elles auront été trouvées, aux Hôtels des Monnoies ou aux Changes les plus prochains, pour, le montant defdites efpèces, être payé fans difficulté felon leur valeur, y compris les huit deniers pour livre accordés par l'Arrêt du 25. Août dernier, aux Porteurs d'icelles, qui feront tenus d'en retirer un certificat des Changeurs ou Receveurs au Change de nos Monnoies, aufquels ils les auront remis ; & paffé ledit temps de quinzaine, lefdites efpèces vieilles feront dans le cas de la confifcation prononcée par notre même Edit du mois de Février 1726. SI DONNONS EN MANDEMENT à nos amés & féaux Confeillers les Gens tenant notre Cour des Monnoies à Paris, que ces Préfentes ils ayent à faire lire, publier & régiftrer, & le contenu en icelles garder & obferver felon leur forme & teneur, nonobftant tous Edits, Déclarations, Arrêts & Réglemens, aufquels Nous avons dérogé & dérogeons par ces Préfentes : CAR TEL EST NOTRE PLAISIR. En témoin de quoi Nous avons fait mettre notre Scel à cefdites Préfentes. DONNÉ à Fontainebleau le feptiéme jour d'Octobre, l'an de Grace mil fept cent cinquante-cinq, & de notre Regne le quarante-uniéme. *Signé*, LOUIS. *Et plus bas*, par le Roi, M. P. DE VOYER D'ARGENSON. Vu au Confeil MOREAU DE SECHELLES. Et fcellé du grand Sceau de cire jaune.

Régiftrée au Greffe de la Cour, oui, & ce requérant le Procureur Général du Roi, pour être exécutée felon fa forme & teneur ; & copies collationnées être envoyées dans tous les Siéges du Reſſort de la Cour, pour y être pareillement enrégiſtrées & exécutées à la diligence des Subſtituts dudit Procureur Général, qui ſeront tenus d'en certifier la Cour au mois. FAIT *en la Cour des Monnoies, le vingt-quatre Octobre mil ſept cent cinquante-cinq.* Signé, LE GENDRE.

JEAN-FRANÇOIS JOLY DE FLEURY, Chevalier, Conſeiller du Roi en ſes Conſeils, Maître des Requêtes ordinaire de ſon Hôtel, Intendant de Juſtice, Police & Finances dans les Provinces de Bourgogne, Breſſe, Bugey, Valromey & Gex ; Elû du Roi en la Chambre des Elûs Généraux des Etats de Bourgogne ; Commiſſaire départi par Sa Majeſté pour l'exécution de ſes Ordres dans leſdites Provinces.

Vu la Déclaration ci-deſſus, Nous ordonnons qu'elle ſera exécutée ſelon ſa forme & teneur ; & qu'à cet effet elle ſera luë, publiée & affichée par-tout où il appartiendra, à ce que Perſonne n'en ignore. Fait à Dijon le 2. Novembre 1755. *Signé*, JOLY DE FLEURY. *Et plus bas, par Monſeigneur*, DUBU DE LONGCHAMP.

ARRÊT DU CONSEIL D'ETAT DU ROI,

QUI ordonne que ceux des Officiers des Chancelleries près les Cours & Conseils supérieurs du Royaume, qui payeront le quart de leur Supplément de finance, ordonné par Edit de Septembre 1755. dans les mois de Novembre & Décembre prochains, seront déchargés des deux sols pour livre.

Du 20. Octobre 1755.

EXTRAIT DES RÉGISTRES DU CONSEIL D'ÉTAT.

LE ROI s'étant fait représenter, en son Conseil, l'Edit du mois de Septembre dernier, par lequel Sa Majesté, en ordonnant une nouvelle fixation des Offices des Chancelleries près les Cours & Conseils supérieurs du Royaume, auroit réglé entr'autres choses, que ceux qui entreroient en payement du supplément de finance dont ils se trouveront redevables jusqu'à concurrence de ladite fixation, dans le courant du présent mois d'Octobre, & qui continueroient ainsi de trois mois en trois mois, demeureroient déchargés des deux sols pour livre : Et Sa Majesté ayant considéré que le peu de temps qui reste à expirer dudit mois d'Octobre, & qui suffit à peine pour qu'ils puissent être informés de ce que chacun d'eux aura à payer, ne leur permettroit pas de profiter de la remise qu'Elle a bien voulu leur accorder, & voulant leur laisser le temps nécessaire pour qu'ils puissent prendre leurs arrangemens à cet effet.

Oui le Rapport du S[r]. Moreau de Sechelles, Conſeiller d'Etat ordinaire, & au Conſeil Royal, Controlleur Général des Finances, SA MAJESTÉ ÉTANT EN SON CONSEIL, a ordonné & ordonne que ceux d'entre les Officiers des Chancelleries près les Cours & Conſeils ſupérieurs du Royaume, qui payeront le quart du ſupplément de finance dont ils ſe trouveront redevables, en vertu de l'Edit du mois de Septembre dernier, portant fixation de leurs Offices, dans le courant des mois de Novembre & Décembre prochains, & qui continueront ainſi de trois mois en trois mois, jouiront des gages, à compter du premier du mois dans lequel ils feront entrés en payement, & demeureront en outre déchargés des deux ſols pour livre ordonnés par ledit Edit, lequel au ſurplus ſera exécuté ſelon ſa forme & teneur; & ſur le préſent Arrêt, qui ſera lu, publié & affiché, toutes Lettres néceſſaires ſeront expédiées. FAIT au Conſeil d'Etat du Roi, Sa Majeſté y étant, tenu à Verſailles le vingtiéme jour d'Octobre mil ſept cent cinquante-cinq. *Signé*, M. P. DE VOYER D'ARGENSON.

Viſé à Dijon le 5. Novembre 1755. Signé, *JOLY DE FLEURY.*

ORDONNANCE
DU ROI,

TOUCHANT LES HARAS DES PARTICULIERS,

Du 26. Juin 1718.

SA MAJESTÉ, dans le deſir de conſerver à la Nobleſſe & autres Particuliers, curieux de l'éleve de beaux Poulains, la liberté de tirer de leurs propres Chevaux & Cavales tout l'avantage qu'ils en peuvent eſpérer, auroit, par ſon Réglement ſur le fait des Haras du 22. Février 1717. titre V. article premier, permis aux Propriétaires des Chevaux entiers d'en faire ufage pour le fervice de leurs propres Cavales feulement ; & reftreint par l'article XXXIV. titre IV. dudit Réglement, la faculté qu'ont les Gardes-Etalons de faire faifir & arrêter les Jumens comprifes aux Rolles des Commiffaires-Infpecteurs, pour être faillies par les Etalons du Roi, ou approuvés (lorfqu'elles n'y feront point venuës) aux feules Cavales faillies en contravention audit Réglement, & excepté des faifies ordinaires, celles qui fe trouveroient pleines du fait de Chevaux appartenans aux Propriétaires defdites Jumens : Et étant informée que cette tolérance, qui avoit pour principe l'augmentation & la perfection des Haras de fon Royaume, a dégénéré en un abus des plus préjudiciables à l'Etabliffement, en ce que la plûpart des Payfans Propriétaires de Jumens, font dans l'ufage de les faire couvrir par toutes fortes de Chevaux indifféremment, & trouvent leur juftification toute prête, malgré les Défenfes, en déclarant qu'elles font pleines du fait d'un Cheval entier à eux appartenant, quelque défectueux qu'il puiffe être ; ce qui rend prefque inutiles les foins que l'on fe donne pour détruire les mauvaifes efpèces de Chevaux en France, & attire, d'un autre côté, les plaintes des Gardes-Etalons, qui fe trouvant privés, par cette mauvaife pratique, de leurs rétributions ordinaires pour la faillie des Jumens de leurs Cantons, font prêts d'abandonner leur Emploi, fi le Roi n'a la bonté d'y pourvoir ; A quoi ayant égard : SA MAJESTÉ, de l'avis de Monfieur le Duc d'Orléans, Régent, a ordonné & ordonne que tous Particuliers Propriétaires de Chevaux entiers, voulant faire faillir leurs propres Jumens pour en avoir des Poulains, feront tenus de prendre une permiffion par écrit du Commiffaire-Infpecteur des Haras, vifée de l'Intendant de la Province, de faire ufage defdits Chevaux, pour la faillie des Jumens à eux appartenant, qui feront fignalées de même que l'Etalon ; laquelle fera renouvellée toutes les fois que lefdits Particuliers voudront fubftituer un Cheval à un autre, ou qu'ils auront fait emplette de nouvelles Cavales, à peine contre les Contrevenans de trois cens livres d'amende, & de confifcation des Chevaux & Jumens furpris en contravention, le tout applicable moitié au profit du Dénonciateur, & moitié au Garde-Etalon le plus prochain du lieu où la contravention aura été commise. MANDE & & ordonne Sa Majesté aux Intendans & Commissaires départis dans ses Provinces, & aux Commissaires-Inspecteurs des Haras, de tenir la main, chacun en droit soi, à l'exécution de la présente Ordonnance, qui sera luë, publiée & affichée par-tout ou besoin sera, à ce que personne n'en prétende Cause d'ignorance. FAIT à Paris le vingt-sixiéme jour de Juin mil sept cent dix-huit. *Signé* LOUIS. *Et plus bas*, PHELYPEAUX.

Visé a Dijon le 20. Novembre 1755. Signé, *JOLY DE FLEURY.*

ARRÊT
DU CONSEIL D'ETAT
DU ROI,

QUI ordonne qu'à compter du premier Février prochain, les droits d'entrée sur les Soies étrangeres & sur celles d'Avignon, seront perçus par l'Adjudicataire des Fermes générales, qui demeure subrogé à cet égard au Fermier des Octrois de Lyon : Et qu'à compter aussi du premier Février prochain, les Soies nationnales seront exemptes du droit de trois sols six deniers, droits de Foraine, Douanne de Valence, Table de Mer & tous autres droits locaux généralement quelconques, qui demeurent à cet égard supprimés, & qu'elles pourront à l'avenir être transportées par tout le Royaume, sans être obligées de passer par Lyon, ni de payer aucuns droits.

Du 30. Décembre 1755.

EXTRAIT DES RÉGISTRES DU CONSEIL D'ETAT.

SUR ce qui a été représenté au Roi, étant en son Conseil, que quoique les premiers Réglemens rendus au sujet du Commerce des Soies dans le Royaume, &

qui les ont assujetties à passer toutes par la Ville de Lyon, soient intervenus dans un temps, où l'on n'en recueilloit point dans le Royaume, l'usage s'est établi d'y faire porter aussi les Soies originaires du Royaume; ce qui n'étoit pas fort onéreux au Commerce, dans le temps où les seules Provinces de Languedoc, Provence & Dauphiné en produisoient, attendu leur proximité de Lyon, & qu'elles ne pouvoient être transportées dans les Provinces de l'intérieur, sans passer par ladite Ville; que néanmoins l'Arrêt du 24. Juillet 1687. avoit permis de faire passer par les Bureaux de Gannat & de Vichy, les Soies desdites trois Provinces; mais que depuis, l'Édit du mois de Janvier 1722. ayant établi un droit unique sur les Soies, au lieu & place de ceux qui avoient été supprimés par l'Arrêt du Conseil du 18. Mai 1720. a assujetti les Soies nationnales, comme les étrangeres, à passer par la seule Ville de Lyon; ce qui est très-préjudiciable au Commerce desdites Soies nationnales, que l'on est souvent obligé de faire retourner de Lyon dans le même Pays d'où elles sont venuës, ou de leur faire faire un circuit beaucoup plus long que le chemin naturel qu'elles devroient faire pour se rendre au lieu de leur destination. Et cet inconvénient devient journellement plus sensible par rapport aux plantations de meuriers qui ont été faites dans différentes Provinces du Royaume, fort éloignées de Lyon, & aux quantités de Soies que l'on y recueille, qui augmentent d'année en année, & qui augmenteroient vraisemblablement encore plus, si cette gêne ne formoit un obstacle au succès des soins que l'on se donne pour multiplier ces établissemens, perfectionner la filature des Soies, & en faciliter la vente & l'emploi : Que les Soies qui sont apportées par les Vaisseaux de la Compagnie des Indes, ayant été dispensées du passage par Lyon, par Arrêt du 8. Septembre 1722. il paroît juste de faire jouir les Soies nationnales du même avantage : Que d'un autre côté, la perception qui est faite desdits droits sur les Soies par le Fermier des Octrois de Lyon, est sujette à d'autres inconvéniens, résultans du défaut de déclaration & de visite de ces marchandises dans les Bureaux des Fermes, qui cependant paroiſſent indiſpenſables, afin que, ſous la dénomination de Soies, on ne puiſſe pas faire entrer en fraude des marchandiſes ſujettes à de gros droits, ou prohibées; & qu'un droit tel que celui qui eſt établi ſur les Soies par l'Edit du mois de Janvier 1722. tenant lieu des droits de Douane & d'Entrées, il ne pouvoit être plus régulierement perçu & plus commodément pour le Commerce, que dans les Bureaux établis pour la perception de tous les autres droits de Douane & d'Entrées, en ſe conformant aux Réglemens & Uſages qui ont lieu ſur cette matiere: Que par ces conſidérations, il paroît néceſſaire d'attribuer à l'Adjudicataire des Fermes générales, la perception des droits d'entrée ſur toutes les Soies étrangeres & d'Avignon, à la charge par lui d'indemniſer; c'eſt-à-ſçavoir, le Fermier des Octrois de Lyon, de tout le produit deſdits droits ſur les Soies, tant originaires qu'étrangeres, pour le temps qui reſte à courir de ſon bail, ſur le pied d'une année commune des produits par lui perçus pendant les années échuës: & la Ville de Lyon, ſur le pied que le produit des droits eſt entré par évaluation dans les prix des baux de ſes Octrois; & encore à condition d'affranchir les Soies nationnales du droit de trois ſols ſix deniers, établi par ledit Edit de Janvier 1722. ainſi que de l'obligation de paſſer par Lyon, & des droits de Table de Mer, Foraine, Douane de Valence, & de tous autres droits locaux qui ſe levent ſur les Soies nationnales, en exécution de l'Arrêt du 21. Novembre 1724. Sur quoi, vu le mémoire du Prevôt des Marchands de Lyon, auquel Sa Majeſté auroit fait communiquer ces repréſentations, l'avis des Députés du Commerce, le mémoire des Fermiers Généraux, & celui du Fermier des Octrois de la Ville de Lyon, l'Edit du mois de Janvier 1722. les Arrêts des 24. Juillet 1687. 20. Janvier, 8. Septembre 1722. 21. Novembre 1724. & autres ſur ce repréſentés: Oui le rapport du S^r^. Moreau de Séchelles, Conſeiller d'Etat ordinaire, & au Conſeil Royal, Controlleur Général des Finances; LE ROI ÉTANT EN SON CONSEIL, a ſubrogé & ſubroge l'Ajudicataire des Fermes générales au Fermier des Octrois de Lyon, pour percevoir tous les droits d'entrée fur les Soies étrangeres & fur celles d'Avignon, foient perçus, à commencer du premier Février prochain, dans ladite Ville de Lyon, par ledit Adjudicataire, fes Commis ou Prépofés, ainfi & de la même maniere que lefdits droits ont été perçus jufqu'à préfent, par ledit Fermier des Octrois; à la charge par ledit Adjudicataire d'indemnifer ledit Fermier & la Ville de Lyon, conformément à ce qui fera réglé à cet effet. Veut Sa Majefté qu'à commencer dudit jour premier Février prochain, le droit de trois fols fix deniers, ainfi que les droits de Foraine, Douane de Valence, Tab'e de Mer, & tous autres droits locaux, généralement & fans exception, qui fe perçoivent fur les Soies nationnales, foient & demeurent fupprimés; & que lefdites Soies, de quelques Provinces qu'elles foient originaires, puiffent circuler & être tranfportées dans toutes les Provinces, fans être affujetties, fous quelque prétexte que ce foit, à paffer par ladite Ville de Lyon, ni à payer aucuns droits, le tout nonobftant l'Edit du mois de Janvier 1722. l'Arrêt du 21. Novembre 1724. & tous autres Edits, Déclarations & Réglemens à ce contraires, aufquels Sa Majefté a dérogé & déroge à cet égard. Et fera le préfent Arrêt lu, publié & affiché par-tout où befoin fera. FAIT au Confeil d'Etat du Roi, Sa Majefté y étant, tenu à Verfailles le trente Décembre mil fept cent cinquante-cinq. *Signé*, M. P. DE VOYER D'ARGENSON.

LOUIS, PAR LA GRACE DE DIEU, ROI DE FRANCE ET DE NAVARRE, Dauphin de Viennois, Comte de Valentinois & Diois, Provence, Forcalquier & Terres adjacentes: A nos amés & feaux Confeillers en nos Confeils, les Sieurs Intendans & Commiffaires départis pour l'exécution de nos Ordres dans les Provinces & Généralités de notre Royaume; SALUT. Nous vous mandons & enjoignons par ces préfentes fignées de Nous, de tenir, chacun en droit foi, la main à l'exécution de l'Arrêt dont l'extrait eft ci-attaché fous le contre-Scel de notre Chancellerie, cejourd'hui rendu en notre Confeil d'Etat, Nous y étant, pour les caufes y contenuës. Commandons au premier notre Huiffier ou Sergent fur ce requis, de fignifier ledit Arrêt à tous qu'il appartiendra, à ce que perfonne n'en ignore; & de faire pour l'entiere exécution d'icelui, tous actes & exploits néceffaires, fans autre permiffion, nonobftant Clameur de Haro, Chartre Normande & Lettres à ce contraires. Voulons qu'aux copies dudit Arrêt, & des préfentes, collationnées par l'un de nos amés & féaux Confeillers Secretaires, foi foit ajoutée comme aux originaux. CAR TEL EST NOTRE PLAISIR. Donné à Verfailles le trentiéme jour de Décembre, l'an de Grace mil fept cent cinquante-cinq, & de notre régne le quarante-uniéme. *Signé*, LOUIS. *Et plus bas*, Par le Roi Dauphin, Comte de Provence. *Signé*, M. P. DE VOYER D'ARGENSON. Et fcellé.

Vifé à Dijon le 17. Janvier 1756. Signé, *JOLY DE FLEURY.*

ARRÊT
DU CONSEIL D'ETAT
DU ROI,

QUI permet l'entrée des Drogueries & Epiceries dans le Royaume, par les Ports de Dieppe, Honfleur, Caen, Boulogne, Agde & Toulon, en acquittant dans ces Ports les droits aufquels elles font affujetties.

Du 6. Janvier 1756.

EXTRAIT DES RÉGISTRES DU CONSEIL D'ETAT.

SUR ce qui a été repréfenté au Roi, étant en fon Confeil, qu'il feroit avantageux au Commerce du Royaume, d'augmenter le nombre des Ports qui ont été indiqués par les Réglemens pour l'entrée des Drogueries & Epiceries ; Sa Majesté, toujours disposée à favoriser le Commerce de ses Sujets, voulant sur ce faire connoître ses intentions : Vu l'avis des Députés au Bureau du Commerce ; Oui le Rapport du Sieur Moreau de Sechelles, Conseiller d'Etat ordinaire, & au Conseil Royal, Controlleur Général des Finances, LE ROI ÉTANT EN SON CONSEIL, a permis & permet, à compter du jour de la publication du présent Arrêt, l'entrée des Drogueries & Epiceries dans le Royaume, par les Ports de Dieppe, Honfleur, Caen, Boulogne, Agde & Toulon, en acquittant dans ces Ports les droits ausquels elles sont respectivement assujetties par les Tarifs, Arrêts & Réglemens rendus sur ce sujet, qui seront au surplus exécutés selon leur forme & teneur. FAIT au Conseil d'Etat du Roi, Sa Majesté y étant, tenu à Versailles le six Janvier mil sept cent cinquante-six. *Signé*, M. P. DE VOYER D'ARGENSON.

LOUIS PAR LA GRACE DE DIEU, ROI DE FRANCE ET DE NAVARRE, Dauphin de Viennois, Comte de Valentinois & Diois, Provence, Forcalquier & Terres adjacentes : A nos amés & féaux Conseillers le S^r. Lieutenant Général de Police à Paris, & les Sieurs Intendans & Commissaires départis pour l'exécution de nos Ordres dans les Provinces & Généralités de notre Royaume : SALUT. Nous vous mandons & enjoignons par ces Présentes signées de Nous, de tenir chacun en droit soi, la main à l'exécution de l'Arrêt ci-attaché sous le contre-Scel de notre Chancellerie, cejourd'hui donné en notre Conseil d'Etat, Nous y étant, pour les causes y contenuës. Commandons au premier notre Huissier ou Sergent sur ce requis, de signifier ledit Arrêt à tous qu'il appartiendra, à ce que personne n'en ignore, & de faire pour son entiere exécution, tous actes & exploits requis & nécessaires, sans autre permission, nonobstant clameur de Haro, Chartre Normande & Lettres à ce contraires. Voulons que ledit Arrêt soit lu, publié & affiché par-tout où besoin sera, & qu'aux copies dudit Arrêt, & des Préſentes, collationnées par l'un de nos amés & féaux Conſeillers Secretaires, foi ſoit ajoutée comme aux originaux : CAR TEL EST NOTRE PLAISIR. Donné à Verſailles le ſixiéme jour de Janvier, l'an de grace mil ſept cent cinquante-ſix, & de notre Regne le quarante-uniéme. *Signé*, LOUIS. *Et plus bas*, par le Roi Dauphin, Comte de Provence. *Signé*, M. P. DE VOYER D'ARGENSON. Et ſcellé.

Viſé à Paris le premier Février 1756. Signé, *JOLY DE FLEURY.*

FIN.

ARRÊTS NOTABLES
DU PARLEMENT DE BOURGOGNE.

PUISSANCE PATERNELLE.

LE Teſtament d'un homme au profit de ſa femme, fait en vertu d'une réſerve de diſpoſer, appoſée dans leur contrat de mariage, contre la volonté de ſon pere, déclaré nul, & ſa ſucceſſion réglée ab inteſtat.

SEBASTIEN Robardet, âgé de 38. ans, fut fiancé le 18. Janvier 1753. avec Pierrette Royer, fille d'un Laboureur de Vieverge. Le 6. Février ſuivant, les parens ſe rendirent chez le Notaire Lebault à Auxonne, pour paſſer le contrat de mariage; Claude Robardet pere s'oppoſa à ce que les Tuteurs dérogeaſſent à la Coutume de cette Province, en ſe réſervant la faculté de diſpoſer au profit l'un de l'autre; & comme il vit que le Notaire, parent de la Royer, s'obſtinoit à vouloir cette clauſe, il ſe retira avec Jacques Robardet, ſon fils cadet & ſes autres gendres, de ſorte qu'il ne ſigna point le contrat de mariage.

Le 11. Novembre de ladite année, Sebaſtien Robardet fit ſon teſtament, par lequel il léguoit à ſa femme les meubles & acquêts de leur communauté, & inſtituoit l'enfant dont elle étoit enceinte, dans la propriété de ſes anciens qu'il ſubſtituoit à ſa femme, dans le cas où cet enfant décéderoit avant elle.

Sebaſtien Robardet mourut au mois de Janvier 1754. ayant un enfant qui mourut auſſi peu de jours après lui. Pierrette Royer fit aſſigner Claude Robardet & ſes enfans, pour voir prononcer l'homologation du Teſtament & l'envoi en poſſeſſion des biens délaiſſés à ſon mari. Il y eut Jugement par défaut en la Châtellenie de Pontaillier, qui lui adjugea ſes Concluſions, dont appel au Bailliage d'Auxonne par le pere & les enfans de ſon mari ; ſur quoi les Parties furent appointées en Droit, dont appel par Pierrette Royer, & enſuite par les autres Parties qui conclurent toutes à l'évocation du principal.

Me. Morin diſoit pour l'Appellante, que la réſerve appoſée dans ſon contrat de mariage, avoit autoriſé ſon mari à diſpoſer en ſa faveur. 1°. Que Claude Robardet avoit ſigné l'acte de leurs fiançailles, qu'il n'avoit formé aucune oppoſition à leur mariage, quoiqu'informé de la clauſe de réſerve qui étoit dans leur contrat, ce qui ſuffiſoit pour le faire déclarer non-recevable à l'impugner. 2°. Qu'il étoit également mal-fondé, puiſque Sebaſtien Robardet n'étoit plus alors ſous la puiſſance de ſon pere ; qu'il étoit âgé de plus de 38. ans lorſqu'il ſe maria ; qu'il tenoit feu & lieu ſéparé de ſon pere, depuis plus d'un an & jour, & que ſon pere lui avoit même fait remiſe de ſes droits maternels ; faits dont il demandoit à faire ſubſidiairement la preuve.

Me. Bernard diſoit pour le pere & ſes enfans, que le fils de famille ne pouvoit faire un contrat de mariage ſans l'autorité de ſon pere ; que Sebaſtien Robardet étant ſous la puiſſance paternelle, il n'avoit pu, contre le gré du ſien, & malgré l'oppoſition qu'il avoit fait paroître à ce qu'on inſérât une réſerve de diſpoſer (ce qui étoit acquis au Procès) paſſer outre à la rédaction de cette clauſe.

Que Sebaſtien Robardet, quoiqu'âgé de 38. ans, étoit toujours ſous la puiſſance paternelle ; que la ſéparation alléguée par ſa femme n'étoit pas telle, qu'elle eût pu opérer une émancipation tacite ; qu'il ne tenoit *aucun domicile en ſon chef*, allant demeurer chez les uns & chez les autres de ſes parens, ſans aucune rétribution ; qu'on ne produiſoit aucun billet de taille, ni loyer de maiſon, ni logement de gens de guerre ; enfin, rien de ce qui peut caractériſer un vrai domicile capable d'opérer l'émancipation tacite dont parle notre Coutume. Il alléguoit que la ſéparation prétenduë ne remontant qu'à deux années, fût-elle véritable & prouvée, ne pouvoit opérer cette émancipation pour laquelle il falloit dix ans, ſuivant Accurſe ſur la Loi premiere, Cod. *de patriâ poteſtate*. Decouſu & Chaſfeneuz, tit. 6. art. 3. de notre Coutume : M. le Préfident Bouhier, tom. 1er. chap. 16. pag. 304. & Dunod des Prefcriptions, pag. 2. chap. 7. pag. 186.

Enfin, il nioit le partage fait par le pere Robardet & fes enfans, dont il falloit, difoit-il, apporter des preuves écrites, & non une preuve teftimoniale.

M. Genreau, premier Avocat Général, après avoir parlé en faveur de la puiffance paternelle, dit que l'émancipation dont il eft fait mention dans l'art. 6. §. 3. de notre Coutume, ne produifoit pas les mêmes effets que l'émancipation expreffe, que la féparation du fils ou fille de famille ne faifoit que préfumer l'émancipation, préfomption qui pouvoit être détruite par une volonté contraire du pere de famille; que notre Coutume fe fervoit de ces mots, *eft réputé émancipé*, termes remarquables, & fur lefquels M. de Chaffeneuz a fait cette judicieufe Obfervation : *adverte etiàm ex textu noftræ Confuetudinis quod talis filius habetur pro emancipato, fed non eft verè emancipatus, & ideò videtur quod non habeat finè emancipatione, quià aliud eft haberi pro tali, & effe tale.* Qu'il n'y avoit aucune preuve authentique de la féparation de Sebaftien Robardet avec fon pere, aucune preuve qu'il tînt feu & lieu en fon chef; enfin, que quand cela feroit acquis, le pere ayant marqué une oppofition formelle à ce que fon fils fe réfervât la faculté de difpofer; & n'ayant point voulu figner fon contrat de mariage, fon autorité méprifée fuffifoit pour rendre cette claufe nulle & de nul effet, fans que l'on eût befoin de recourir à la preuve tardive, irréguliere & dangereufe, à laquelle l'Appellante avoit conclu fubfidiairement.

Sur quoi Arrêt conforme à fes Conclufions, le Mardi 5. Août 1755. à l'Audience Publique de la Grand'Chambre, qui a mis les appellations & ce dont étoit appel au néant; & par nouveau Jugement, évoquant le principal & y faifant droit, a déclaré le Teftament de Sebaftien Robardet, nul & de nul effet, & fa fucceffion ouverte *ab inteftat*, tous dépens entre les Parties compenfés. M. de la Marche, Premier Préfident, féant.

Permis d'imprimer par Ordre de la Cour, le 8. Mars 1756.

ARRÊT

QUI juge que les pere & mere qui ont ſtipulé en Breſſe une donation de ſurvie, & une aſſociation d'acquêts reverſibles aux enfans de leur mariage, peuvent les partager également ou inégalement entre leſdits enfans, ſans même être tenus d'en diſpoſer expreſſément.

FRANÇOIS Duhamel & Claudine Frillet avoient ſtipulé dans leur contrat de mariage du 8. Avril 1706. *Que quant aux acquêts qui ſe feront pendant le préſent mariage, icelles Parties s'y ſont aſſociées par moitié, reverſibles ainſi que les donations de ſurvie, aux enfans qui en naîtront.*

La donation de ſurvie du mari à la femme, étoit de 500. liv. & de la femme au mari, de 250. livres.

François Duhamel pere meurt *ab inteſtat*, laiſſant pluſieurs enfans de ſon mariage.

Claudine Frillet ſa veuve demeure en viduité ; & après avoir fait partage avec ſes enfans, dans lequel il étoit dit que les choſes arrivées à ſon lot, lui appartiendroient en toute propriété, elle fit ſon teſtament par lequel elle inſtitua trois de ſes enfans ſes héritiers particuliers, & Me. Mathieu Duhamel ſon héritier univerſel, dans tout le ſurplus de ſes biens, droits, noms, raiſons, actions & prétentions.

Après le décès de Claudine Frillet, Mathieu Duhamel obtient l'envoi en poſſeſſion proviſionnelle : appel par Jeanne Duhamel ſa ſœur, femme autoriſée de Me. Georges Ravet, Notaire ; & ſes Concluſions tendoient à ce que l'appellation & ce dont eſt appel fuſſent mis au néant ; & par nouveau Jugement, que l'Intimé fût condamné à lui ouvrir partage pour un quart dans les acquêts & dans la donation de ſurvie de 500. liv. outre ſa légitime dans le ſurplus.

Pour ſoutenir ces Concluſions, Me. Cortot ſon Défenſeur, diſoit en premier lieu, que la clauſe de reverſibilité inſérée au contrat de mariage de 1706. participoit de la nature de ce qu'on appelle droits reverſibles, & de celles des fidéicommis contractuels.

Qu'on entendoit par droit reverſibles , les avantages que le mari fait à la femme, & que de ce nombre étoient & la donation de ſurvie , *& l'aſſociation aux acquêts* , puiſqu'en Breſſe tous les acquêts appartenoient de droit au mari.

Que ſuivant la Novelle 22. chap. 20. quoique le ſurvivant qui reſtoit en viduité , eût le droit de diſpoſer à ſon gré des gains nuptiaux, il falloit cependant qu'il en diſpoſât *expreſſément* , ſans quoi ces gains nuptiaux ſe partageoient également entre les enfans héritiers ou non, *vi & autoritate Legis.*

Que ſuivant la clauſe du contrat de mariage , Claudine Frillet n'avoit qu'un ſimple uſufruit de ſa portion d'acquêts & de ſa donation de ſurvie ; que cette ſtipulation qui contenoit la reverſibilité aux enfans , emportoit pacte d'égalité ; que tel étoit le ſentiment des Auteurs cités par Perrier , liv. 3. de ſes Queſt. Not. queſt. 2. que la Cour l'avoit préjugé de la ſorte par pluſieurs Arrêts ; entr'autres , par un du 22. Mars 1667. rapporté au Recueil Manuſcrit de Perrier , au mot fidéicommis ; & qu'en tout cas la diſpoſition expreſſe étoit ſi parfaitement requiſe par la Novelle 22. chap. 20. que la Dlle. Frillet n'avoit pu ſe diſpenſer de s'y conformer , dès qu'elle vouloit diſpoſer inégalement de ſa donation de ſurvie & de ſes acquêts.

Arnoult pour l'héritier inſtitué , conclut au contraire à la converſion de l'envoi proviſionnel en définitif , aux charges d'exécuter le contenu au teſtament de Claudine Frillet ; & pour le faire prononcer de la ſorte , il a prétendu qu'il y avoit une différence très grande à faire entre l'augment & la donation de ſurvie , ſuivant M. le Préſident Favre Cod. *de ſecund. nupt.* déf. 13. & 15. Revel , queſt. 27. dot. 8. Bret. Recueil Alphab. pag. 47.

Que les Novelles 22. 98. & 127. ne concernoient que les donations à cauſe de nôces , *lucrum dotis* , d'où l'augment s'étoit formé ; que ſuivant ces Novelles & le dernier état du Droit, le pere ou la mere non remarié, n'avoit qu'une virile dans l'augment, & le reste en usufruit; au-lieu qu'ils avoient dans le même cas la propriété du don de survie. Voyez les mêmes Auteurs, ce qui avoit fait dire à Revel, que suivant les Interprétes, la donation de survie étoit inconnuë chez les Romains.

Que dès-lors on ne pouvoit pas argumenter des Novelles, ni de la comparaison de l'augment, pour juger de la donation de survie & des acquêts.

Que le conjoint survivant étant Propriétaire de la donation de survie, il en pouvoit disposer librement, inégalement, en termes généraux, tout comme en termes exprès.

Que la Dlle. Frillet avoit pu disposer de même des acquêts, puisqu'ils avoient été équiparés par la clause à la donation de survie; que c'étoit l'avis entr'autres de Lapeyreire, lett. S. n. 112. & qu'un Arrêt cité au Recueil de M[e]. Jeannin, *au mot donation de survie*, ne contenoit rien dont l'Appellante pût tirer avantage; qu'au surplus tel étoit l'usage de Bresse attesté dans un Certificat de 1735. signé de quatre Officiers du Siége, dix Avocats & dix-sept Procureurs.

M. l'Avocat Général Genreau a dit, que la clause de reversion du don de survie & des acquêts aux enfans, n'emportoit point de fidéicommis dans le langage des Loix, & de celle sur-tout qui est la 38e. au dig. §. *mater. de legat. & fideicommissis 111.* qu'à prendre même cette clause générale pour un fidéicommis, la mere qui s'étoit ellemême grevée, remplissoit les termes & l'intention de son mari & la sienne propre en usant du choix, dont elle ne s'étoit pas privée, de celui de ses enfans qu'elle jugeoit à propos d'appeller au don de survie & à la portion des acquêts qui lui appartenoient, suivant la Loi 115. ff. cùm pater. §. 15. & 17. de legat. & fideicommiss. 1°. *Verum est enìm in familiâ reliquisse licèt uni reliquerit.*

Que les Novelles 98. & 127. adjugeoient, à la vérité, aux enfans les donations & les gains nuptiaux de la femme & du mari, & n'en laissoit à ceux-ci que le simple usufruit, & que la Novelle 22. chapitre 20. & l'Authentique *nunc autem* au Cod. *de ſecundis nuptiis*; quoique plus favorables au pere & à la mere, les aſſujettiſſoient du moins à diſpoſer expreſſément & taxativement de leurs gains nuptiaux, lorſqu'ils en vouloient faire paſſer la poſſeſſion à d'autres qu'à leurs enfans. Mais que cette ſcrupuleuſe obligation n'étoit impoſée aux peres & meres que dans les occaſions où ils avoient inſtitué des étrangers au préjudice de leurs enfans : *extraneo hærede inſtituto*. Que la Novelle 22. & l'Authentique *nunc autem*, ne parloient que de la dot ou augment de dot, & qu'elle n'étoit point adoptée par l'uſage de la Breſſe, ſuivant la déclaration qu'en a fait M. le Préſident Favre en ſon Code, définition VII. *de ſecundis nuptiis*.

Que les Novelles 98. & 127. ne parlant que des dots & des donations à cauſe de nôces, ne ſçauroient avoir d'application au don de ſurvie ni aux acquêts, ſelon la définition 2. du même Magiſtrat, ſous le même titre ... *Illæ conſtitutiones in aliis lucris nuptialibus locum non habent quam in dote & donatione propter nuptias*.

Auſſi Revel, queſt. 26. doute 11. aſſure-t-il „ qu'en „ Breſſe, la femme peut diſpoſer de ſon don de ſurvie „ & de ſes joyaux au profit de qui bon lui ſemble, „ parce qu'elle les gagne en toute propriété & francs de „ retour envers ſes enfans.

Collet, liv. 5. ſect. 11. remarq. 11. pag. 168. dit la même choſe.

Pour la moitié des acquêts de la femme, ce n'eſt pas un problême que cette portion de biens venant plutôt de la convention des Parties que de la libéralité du mari ; elle n'eſt point reverſible aux enfans ; c'eſt l'opinion de Lapeyreire, lettre S. & celle de Revel, remarq. 61. dans le cas même du convolat.

Enfin, que le Droit Commun des Pays de Droit Ecrit & l'uſage de la Breſſe, laiſſant au ſurvivant des peres & meres la liberté de diſpoſer également ou inégalement du don de ſurvie & des acquêts entre leurs enfans, il n'y avoit pas lieu de penſer, ſelon les Loix de la nature & du Droit, que les peres & meres des Parties en affectant aux leurs ces deux eſpèces de biens, ayent voulu ſe priver de la liberté du choix, mourir *ab inteſtat*, & enhardir leurs enfans à ne donner aucuns témoignages de reſpect & de tendreſſe à des peres & meres dont ils ne pouvoient plus rien attendre.

LA COUR, Parties ouies, & le Procureur Général du Roi, ſans s'arrêter à l'appellation interjettée par les Parties de Cortot, laquelle demeure miſe au néant, & pour raiſon de laquelle elle demeure condamnée à l'amende modérée à douze livres; ſans s'arrêter pareillement aux demandes incidentes formées par leſdites Parties de Cortot, non plus qu'à leurs Concluſions au ſujet du don de ſurvie & des acquêts de ladite Marie-Claudine Frillet, évoquant le principal & y faiſant droit, a ordonné & ordonne que les teſtament & codicille dont il s'agit, feront exécutés ſuivant leur forme & teneur; ce faiſant, a converti en définitive l'envoi en poſſeſſion proviſionnel prononcé au profit de l'Intimé par l'Ordonnance dont eſt appel, aux charges, clauſes & conditions y contenuës. Déclare le préſent Arrêt commun avec les Parties de Vernisy & de Bernard; c'étoit deux ſœurs qui avoient déclaré ne prendre aucune part à la conteſtation, quoiqu'elles fuſſent dans le même cas que la Dlle. Ravet. Sur les plus amples demandes, fins & Concluſions, a mis & met les Parties hors de Cour, tous dépens entr'elles compenſés. Fait à l'Audience Publique, tenuë en Parlement à Dijon le Lundi 19. Janvier 1756.

Permis d'imprimer par Ordre de la Cour, le 8. Mars 1756.

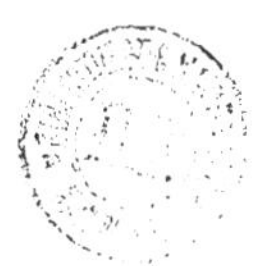

www.ingramcontent.com/pod-product-compliance
Ingram Content Group UK Ltd.
Pitfield, Milton Keynes, MK11 3LW, UK
UKHW021126260726
13994UKWH00002B/995

9 782329 316109